高校教学督导
——理论与实践

甘罗嘉 周廷勇 田智辉 著

2016年教育部人文社会科学研究项目《高校学生学习成果分层及影响因素研究》（16YJC880113）阶段性成果

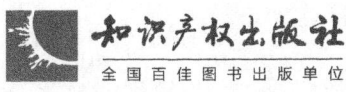

知识产权出版社
全国百佳图书出版单位

图书在版编目（CIP）数据

高校教学督导：理论与实践/甘罗嘉，周廷勇，田智辉著. —北京：知识产权出版社，2017.12

ISBN 978-7-5130-5306-8

Ⅰ.①高… Ⅱ.①甘… ②周… ③田… Ⅲ.①高等学校-教育视导-研究-中国 Ⅳ.①G647

中国版本图书馆 CIP 数据核字（2017）第 297298 号

内容提要

本书作者从高校教学督导工作实践出发，梳理了国内外有关高校教学督导研究的理论，从督导工作的功能定位、管理机制、工作内容与职责、课堂教学评价以及督导工作实践经验与执行艺术等方面阐述了对高校教学督导工作的理论思考。

责任编辑：李 婧　　　　　　　　　　责任出版：孙婷婷

高校教学督导——理论与实践
GAOXIAO JIAOXUE DUDAO——LILUN YU SHIJIAN
甘罗嘉　周廷勇　田智辉　著

出版发行：知识产权出版社 有限责任公司	网　　址：http://www.ipph.cn
电　　话：010-82004826	http://www.laichushu.com
社　　址：北京市海淀区气象路50号院	邮　　编：100081
责编电话：010-82000860 转 8594	责编邮箱：549299101@qq.com
发行电话：010-82000860 转 8101	发行传真：010-82000893
印　　刷：北京中献拓方科技发展有限公司	经　　销：各大网上书店、新华书店及相关专业书店
开　　本：720mm×1000mm　1/16	印　　张：9.25
版　　次：2017年12月第1版	印　　次：2017年12月第1次印刷
字　　数：120千字	定　　价：38.00元

ISBN 978-7-5130-5306-8

出版权专有　侵权必究

如有印装质量问题，本社负责调换。

前 言

"教学无用论"是当前许多高校教师的观点,即教学搞得再好,也不如一项项的科研成果来的"扎实",无论是继续深造访学还是职称评定与职务晋升,科研指标都要比教学工作"硬气"得多。同时,在学校层面,部分领导也容易忽视教学,因为给学校带来更高声誉、更多经费和更大影响力的主要是学术科研水平的考核与竞争力,教学只有在主管部门进行各项评估的时候才会被重视。

当前,大学有四个主要社会功能:教书育人、科学研究、社会服务、文化传承。科学研究、社会服务与文化传承能够在短期内为学校带来各类项目、各种经费和各种社会声誉,而唯有教学与人才培养这个大学最重要的功能是一个"前人栽树、后人乘凉"的远期投资,短期无法看到回报。

作为教学另一个主体的学生群体,受各种因素的影响,对学习也缺乏热情与动力。一方面,大学学习没有升学的压力,只有就业的压力,就业好坏与课堂学习和学业成绩关系不太大,用人单位在招聘人才时往往只是把学业成绩作为众多考核标准的参考;另一方面,社会的各种浮躁风气渗透进入校园,让课堂上的学生"来不了、坐不住、静不下、学不好"。

"教学"在最应该受重视的校园里成为了师生最不重要(或者最不重要之一)的工作与任务。

大学教学,亟待复兴!

一流大学具有崇高的学术威望,关注对世界、对历史的影响。作为中国最著名的学府清华大学和北京大学,不仅仅学科建设是世界一流和国内领先，更重要的是他们培养的人才深刻地改变了中国近现代历史并且深刻影响着中国当代社会。世界一流大学，例如牛津大学、哈佛大学等，也都是因为培养了一批又一批在各个时代、各个领域具有卓越影响力且深刻影响和改变人类历史和当代世界的人才而成为世界一流大学。因此，大学是否一流只取决于是否培养了一流人才。而一流人才的培养又取决于大学的教学是否卓越。教学是大学里"大"教授与"小"学生接触最直接的方式，一流大学促进了一流人才的聚集和交流，从而为新知识的创造和知识文化的传播传承创建了环境。把教学搞好，把人才培养好，就为这些大学在未来继续保持一流水平播种了希望。

教学督导，是促进和改善大学教学与人才培养的重要手段之一。重视教学督导工作的大学不一定都是一流大学，但一定是重视教学与人才培养的好大学。一所大学是否能走向高水平，步入"双一流"（一流大学、一流学科）有很多的影响因素，但是搞好教学与人才培养始终是一所负责任的大学对学生、对家长、对社会所能够做的应有的贡献。教学督导，正是让大学不忘初心，牢记与坚守教书育人的基本使命。

复兴教学就是复兴本来面貌的大学。

Contents

目　录

第一章　高校教学督导工作的功能与效用 …………………… 1
　　第一节　高校教学督导工作的三大功能 ………………… 1
　　第二节　高校教学督导工作效用的多重性 ……………… 5

第二章　高校教学督导工作的管理机制 ……………………… 7
　　第一节　高校教学督导工作的组织层级与管理模式 …… 7
　　第二节　高校教学督导专家的选聘与培训 ……………… 10
　　第三节　高校教学督导工作激励机制的建立与工作考核 … 12
　　第四节　高校教学督导工作的信息化 …………………… 16
　　第五节　高校教学督导工作管理制度的制定 …………… 16
　　第六节　高校教学督导管理与服务机构的其他工作内容 … 32

第三章　高校教学督导工作的内容与职责 …………………… 37
　　第一节　常规督导、专项督导与专题调研工作 ………… 37
　　第二节　学风建设督导 …………………………………… 85

第三节　研究生教学督导工作的探索 …………………………… 87
　　第四节　督导反馈机制的建立与工作闭环的形成 ………………… 93

第四章　课堂教学评价：高校教学督导工作的基石 …………… 99
　　第一节　高校教师应该具备的教学素养与能力 …………………… 99
　　第二节　课堂教学评价工作的理论思考与应用实践 …………… 102
　　第三节　课堂教学评价与教师教学发展 ………………………… 129

第五章　高校教学督导工作：实践经验与执行艺术 …………… 131
　　第一节　高校教学督导工作的实践经验 ………………………… 131
　　第二节　教学督导工作的执行：严谨与灵活交融的艺术 ……… 134

参考文献 ……………………………………………………………… 137
后　记 ………………………………………………………………… 139

第一章

高校教学督导工作的功能与效用

第一节 高校教学督导工作的三大功能

教学督导首先是一种学术性活动,教育理论家巴尔在《教学督导:提高教学的原则及实践》中指出教学督导是一种"专业性、技术性的服务,主要目的是研究教学和改进教学的条件"。从这里即可以看出,教学督导是一种学术研究活动,它研究"教学"和"改进教学的条件"。

教学督导又是"一个为提高教学而进行的有组织的活动,其任务是提高教师的教学,选择组织教材,考察教学效果,提高在职教师水平以及对教师进行评价。"(《督导与改进教学》,1922,布尔顿),从这里我们又可以看出,教学督导是一种职业属性非常强的专业技术活动,它以"教学"为中心,以教师教学水平发展为重要目标。

目前,针对高校教学督导,国内教育理论界较为通行的定义是由郭学东在《建立科学的高校内部教学督导体系》一文中所提出的,"由教学督导组织及其成员根据教育的科学理论和国家的教育法规政策,运用科学的方法和手段,对教学工作进行监督、检查、评估和指导,以期提高教学效果和质量的过程"。

我们可以这样认识教学督导工作，它是一种高校内部教师教学发展和教学质量监控的手段，它的主要目的是提升教学水平与教学质量，使高校的人才培养（包括教师培养和学生培养）不断进步，其中监控和保障教学质量是核心使命。

教学督导和教育督导既有区别，又有联系。教育督导主要指行使督导职权的机构和人员，受本级政府或同级教育行政部门的委托，依据国家有关教育的方针、政策和法规，对下级人民政府的教育工作、下级教育行政部门和各级各类学校的工作进行监督、检查、评估和指导，以保证国家有关教育的方针、政策、法规的贯彻执行和教育目标的实现。教育督导是一种教育行政行为，是一项教育管理工作。教学督导是一种特殊形式的教育督导，即学校内部的教育督导，可以拿企业的外部审计与内部审计类比。教学督导是学校教学督导专家受学校或相关教学培养单位委托，依照学校各项教育教学规定开展的对各教学培养单位、教师、学生及教学相关部门和个人进行的监督、检查、评估和指导，以保证学校各项教育教学规定的贯彻执行和教育目标的实现。狭义的教学督导聚焦于课堂教学评价，而广义的教学督导则不光有课堂教学评价，即"督教"，还有"督学"和"督管"，即督促和教学相关的所有关联因素的改善，包括学生、教学环境、管理制度等。因此，广义的教学督导是教育督导的组成部分。

一、高校教学督导的研究功能

教学督导工作的一个重要功能是研究"教学"与"改进教学的条件"，这就说明教学督导工作不仅是一项教育教学的管理工作，也是一项研究工作。有一部分高校，教学督导工作开展遇到瓶颈或发展停滞不前，多半是因为研究工作开展不到位。开展教学督导研究工作既是督导工作本身的业务需要,也是督导工作朝纵深发展的动力来源。研究"教学"具体研究什么?主要是研究教师、学生、教学过程、教学内容与教学效果以及影响教学的所有其他关联因素。教学督导开展教学研究既可以从问题出发,以解决督导过程中发现的实际教学问题;也可以具有前瞻性或预见性地开展一些试验试点,为学校改革创新提供参考与支持。只有足够重视教学督导工作的研究功能,才能增加"听课评课"等基础性督导工作的说服力与权威性,并且才能找到基础督导工作之外的持久的工作创新与增长点。

二、高校教学督导的发展功能

教学督导的另一个重要功能是促进教师教学水平的提高,即发展功能。"督导"二字的含义"督"是督质量,"导"是导教学,即监督教育教学质量,引导与促进教师教学发展。

如果说早期的教学督导工作主要体现在"监督与检查"上,那么当前督导工作的主旋律就是"指导与帮助"。监督与检查,过于严肃威严,甚至让督导专家觉得为难,让督导对象产生抵触反感情绪。而指导与帮助则更具亲和力。实际上现在不少督导专家都认为,"指导与帮助"不太准确,应该是引导、帮助与相互学习。教育方法与信息技术日新月异,很多新的教育设备、新的教育方法与教育手段和督导专家从教时代已经大不相同,而且现在的学生群体在信息与互联网时代出生与成长,很多情况是督导专家们从年轻教师们身上学到很多新知识,丰富自己的人生与教育教学经验。

因此,当下教学督导工作的主流是以"导"为主,以"督"为辅。高校教学督导工作的发展功能和高校教务或人事师资部门的教师教学发展功能紧密相连。督导专家传授传统教学技术与经验供年轻教师学习、参考,更重要的是把"学为人师、行为世范"的治学从教精神与对教育事业的热爱与奉献精神传递给新人，让教育事业薪火相传，生生不息。

三、高校教学督导的质量监控功能

教学督导对高校教学质量的监控功能是督导工作的核心功能。督导专家课堂"听课评课"是教学督导工作最初的形态，现在也仍然是督导工作的重要方面，是监控高校教育教学质量的主要手段之一。随着督导工作的不断发展，质量监控功能也从"课堂听课评课"这一个中心点逐步发散到整个"教学"的面，包括课上课下、实习实践、论文毕设、考核考试等，质量监控工作既发展出横向的从学生入学到学生毕业的时间轴，又延伸出从本专科到硕士研究生再到博士研究生的纵向轴。现在教学督导工作的质量监控功能已经能覆盖到整个学校有关教学的各个方面，是学校教学与人才培养质量保障的重要手段。

教学督导工作是高校教学与人才培养质量保障体系的重要组成部分，其基本任务是按照国家对高等教育教学与人才培养的有关规定，对学校各培养单位的教育教学与人才培养工作实行有效的监督、检查、评估、指导；检查学校各项教育教学与人才培养政策和规章制度的贯彻情况，为学校全面深化教育教学改革提出建设性的意见，保证学校教育教学与人才培养质量的全面提高。

"加强质量监控、保证教学秩序、推动教学与培养改革、促进教风学风建设、提高教学与人才培养质量"是教学督导工作的宗旨，"以导为主、以督为辅、督导结合、重在指导"是教学督导工作的方针，"检查督促、发现问题、总结经验、指导改进"是督导工作开展的基本思路，"植根校情、广纳经验、合理定位、科学运行"是高校教学督导工作的基本工作原则。

第二节　高校教学督导工作效用的多重性

高校教学督导工作在实践与效用上可以划分为多个层次：教学规范性层次的督导、教学内容层次的督导与教学改革创新层次的督导。这三个层次在督导工作的客观性上依次递减、在督导工作的执行难度上则依次递增。

教学规范性层次的督导主要是指教学督导专家对于课堂教学客观状态的观察与评价，例如"预备铃前教师到达教室、提前调试设备"、"教师上课前认真考勤并有记录"、"教师板书（课件）设计合理，易辨认、易理解"、"教师授课语音、语调、语速适中"、"学生出勤率高、无旷课、迟到、早退现象"等，此类项目的督导主要是"教学合规性"的一种客观监督，督导专家只用对课堂教学中实际呈现的师生状态评价"是"与"否"即完成督导工作。而这些评价项聚焦于所有课堂应该具备的共性合理状态，回避了诸如专业门槛、教学形式与风格等主观判断。因此，评价结果相对比较客观，被评价教师不易质疑评价结果。然而此层次的督导评价工作无法体现高校教学督导专家的学术与教学经验优势，高校教学督导工作若长期停留于此层次会陷入不被尊重且机械重复的怪圈。

教学内容层次的督导则将督导工作上升到了高级别的专业水平。与第一层次的规范性督导相比，教学内容的督导是大学教授评价大学教学、学术专家评价学术的内容，例如"课程内容符合大学课程要求，符合课程学习指南要求"、"授课内容与教师的科研或创作成果有机结合"、"授课内容信息量大，兼具学术广度、深度与前沿性"、"有助于提高学生科研能力或创新能力"等。高校教学督导与其他层次的教育教学督导相比，最大区别就是学术性和专业性。大学的教书育人功能最大的特点是与科学研究相结合，因此大学的课堂教学除了传递知识之外，对科学研究的重视是有高要求的。此外，大学的专业划分非常精细，必须是"内行评价内行"，这也对高校教学督导专家的学术声望与教学经验积累提出了很高的要求。由于本层次的课程内容督导相比课堂的客观状态督导而言相对主观，加之教学督导专家对评价对象不可能完全处于同一细分的教学或研究领域，因此本层次的督导工作可能引发一定程度的质疑，其主要源于专家与评价对象知识体系的新旧差距或者细分领域的专业门槛。但总的来说，本层次的督导评价结果有赖于督导专家的学术声望与教学口碑。

教学改革创新层次的督导是一种更高的理想状态，即教学督导工作从狭义的课堂教学监督指导上升为对整个学校教学与育人的一种创新推动。例如跨层次的观察与研究某个专业本科与研究生课程的同质化问题进而推进该专业课程体系与人才培养方案的大调整，甚至可以深入到教师梯队建设与专业科研规划等；又如通过研究国外顶尖大学本科学业指导制度进而推动本校的本科教学深层次的改革等。本层次的督导是将"督教""督学"与"督管"的有机结合，不仅考验督导专家的学术水平与教学水平、更考验整个督导组织的行政执行能力与学校领导的改革决心。然而本层次督导工作主观性较强，执行起来争议大，推进难。

第二章

高校教学督导工作的管理机制

第一节 高校教学督导工作的组织层级与管理模式

一、多级高校教学督导组织架构的利弊分析

教学督导组织的层级大致可以分为以下三类：一级督导，即整个学校的督导工作由学校统筹，所有督导专家归属于同一个部门；二级督导，即学校有学校层面的督导专家，各个教学单位也各自聘用本单位的督导专家，两类专家分工合作，并且部分人员可以重合；三级督导，即督导工作由校内延伸至校外，例如宁波市就实现了市、校、院三级督导。

一级督导，优势明显，全校统筹管理，工作标准相对统一，工作安排容易协调，缺点在于督导专家人数太少导致督导工作覆盖面窄，督导专家人数多则需占用较多资源，包括督导服务与管理人员编制、专家津贴与劳务费用等。目前，国内有一定数量的高校采取这种模式，例如中山大学，校级教学督导专家超过200人，学校每年拨付相当数额的经费支持教学督导工作。

二级督导，比较常见，学校层面选聘德高望重的专家学者担任校级教

学督导专家，主要就涉及全校的重点问题进行调研、监督、指导。院系层面则选聘本学科相关专家担任院系级教学督导专家，主要对本单位相关学科进行听课、调研、指导等。二级督导模式中，学校督导专家一般由相应部门，例如教务处、研究生院、党办校办或专门的督导机构提供管理和服务，而各教学培养单位督导专家则由本单位教学或者教学质量监督部门兼职提供管理服务工作。这一模式的主要缺点在于督导工作标准不统一，不同单位由于各方面原因，例如学科差异、领导重视程度、督导专家权威性等，使得督导工作开展水平参差不齐。同时，还可能增加一定的管理工作困难，例如各二级单位可能出现督导工作待遇不一致的情况，影响部分待遇偏低单位督导专家的工作积极性。其优点在于：首先，人员配备会相对充裕且务实，学校层面选聘少量具有较高威望的校级督导专家，各单位则根据各单位实际情况选聘或多或少的专家；其次，两类专家职责分工相对明确，校级教学督导专家集中精力关注涉及全校的重要教学问题，各教学培养单位督导专家学科相对适应本单位特点，能更精准地着力解决本单位相关教学问题；最后，二级督导体制占用学校整体行政资源相对较小，学校主要负责较少数量的校级教学督导专家服务与管理工作，大量的二级单位教学督导专家的服务与管理工作都下放到各单位，大部分二级单位都是由教学管理或质量管理工作人员兼职提供服务。另外，与一级督导体制相比，二级督导体制耗费的津贴、劳务费用相对较少，部分二级单位从本单位绩效或者运行经费中对本单位的教学督导工作进行了补贴。

三级督导体制，比较罕见，宁波市是一个代表，即校内的督导延伸到校外多所高校之间甚至是教育行政部门也介入进来，工作性质也从单纯的内部教学质量管理上升到教育、教学督导范畴，这种督导模式就目前看来很有创新价值、深具教育改革意识，但是协调、管理难度相对较大，推广起来也比较受限制。

二、多种高校教学督导工作管理模式的优劣讨论

高校教学督导工作管理模式大致可以分为三种：第一种是归属于教务部门，与教学质量管理等工作共同组成教学监督队伍，主要工作职责在"督教"；第二种是归属于人事部门、学校党委校长办公室等非教学管理部门，除了常规的"督教"工作之外，重点突出教师教学发展、校情咨询调研等功能；第三种是不归属于学校任何部门，是一个独立的职能机构，工作职责扩大到"督教""督学"和"督管"等范围。

归属于教务部门的督导管理模式优点在于和教学工作结合紧密，各类教学信息比较灵通，发现的教学问题能及时反馈，并且借助教务部门的行政职能，能及时有效地解决相应问题。缺点则主要体现在，难以有效监督教务部门自身存在的问题，实践经验表明，相当多的教学问题源自于教务管理工作本身，一旦督导工作隶属于教务部门，则容易忽视或者难以发现自身的问题。另外，部分与教学相关的问题牵涉教务之外的其他职能机构，例如学生工作部门、后勤保障部门等，这也使隶属于教务部门的督导机构难以直接发挥相应的协调作用。归属于教务部门的督导工作管理模式比较常见，这也能让我们认识到大多数高校的教学督导工作主要服务于"督教"职能。

归属于学校其他非教学部门的情况比较少见，但工作特色会相对突出，例如归属于人事部门的督导机构，在师资培养和教师教学发展方面会显示出独特优势，归属于党委校长办公室的督导机构，在向学校决策层反馈意见方面比较见长。

第三种独立职能机构的督导工作管理模式近年来在很多高校中日益常见，这体现了各高校对大学教学工作的日益重视。这种模式的优点有：工作独立，权威性强，督导专家受尊重程度高，经费和人员保障到位，可以

对全校范围任何和教学相关的问题进行质疑、监督、指导，即"督教""督学""督管"合一。这种模式的缺点则有：教学信息了解相对不及时，问题解决相对迟滞，另外，如果督导机构缺乏一定的行政权力，则容易出现反馈问题得不到重视和及时解决的情况。

第二节　高校教学督导专家的选聘与培训

一、高校教学督导专家的选聘

教学督导专家是教学督导工作的主要执行人，因而教学督导专家的选聘需要符合一定的要求。

首先，教学督导专家应主要由长期从事一线教育教学工作的教育专家组成，同时还应包含长期从事高等教育研究的教育研究专家和有一定行政管理经验的教育管理专家。一线教育专家对学科专业、教育教学比较了解，对课堂教学以及围绕教学的各类问题有切身体会，开展督导工作能有的放矢、一针见血。同时，一线教育专家能结合自身学科专业优势，对相应专业教学做出教学内容与科学研究前沿性的独特评价，这是另外两类专家所无法替代的。高等教育研究专家则为教学督导专家队伍带来了高等教育政策、理论与方法的新知识和新信息，与其他专业学者不同，高等教育研究专家能更清晰地洞察未来高等教育与教学督导工作的发展方向，具备前瞻性的预测特点，他们加入督导专家队伍保证了教学督导工作的科学性。教育管理专家具备丰富的行政管理经验，他们加入督导专家队伍，一方面能避免学术理论与工作实践两张皮的情况出现，另一方面教育管理专家熟悉教育工作运行，在学校内外也有广泛的人缘，有利于教学督导工作的顺利开展。

其次，教学督导专家应该有梯队建设，提倡老中青结合。一方面，任何工作要能持续健康发展必须有梯队建设，老中青团队也有利于督导工作分工，老专家出谋划策、提供经验分享，中青年专家做更多的具体工作；另一方面，中青年专家加入督导专家队伍也是一个相互学习的过程，不光年轻人能向老同志们学到很多教学经验，老专家也能从中青年专家身上接触到很多新的教学理念与新的教学方法和技术。当然，教学督导工作是一种依赖学术权威与个人声望很强的技术工作，老专家比例要高一些，但一定要鼓励和积极吸收中青年专家的加入，特别是获得过有关教学竞赛奖项的中青年教学能手。

最后，选聘教学督导专家还应特别注意候选人的奉献精神与年龄、身体等条件。有一些专家从专业技术角度而言十分适合聘请为教学督导专家，他们往往是某个专业领域的学术权威，在相应领域有很高的发言权，但是，很常见的情况是这类专家各类学术活动或者其他社会活动比较多，难以抽出较多时间从事具体的教学督导工作，对于这类专家我们就只能忍痛割爱了。还有一些专家学者对学术研究或者创作工作很有热情并取得很高的成就，但对教育教学管理工作则不太投入甚至有抵触情绪，这些专家也不适合聘请为督导专家。还有些专家年龄较大、身体健康状况不太理想，也不适宜从事教学督导工作。

二、高校教学督导专家的培训

教学督导专家培训工作是近年来兴起的，督导专家培训既有每年定期的校际学习交流培训班，也有校内的专项学习与专家上岗前的督导工作业务培训。

督导专家培训兴起一方面在于高校教育教学督导工作已经步入一个新

的阶段，各个单位积累了一定的工作经验可供分享，督导教育理论研究也有了一定的成果可以总结推广，另一方面这也是督导工作走向系统化、深入化之后的一个自身需求。特别是校内的督导专项学习与新专家上岗前培训，越来越多高校意识到其重要性，也开始纳入每年督导工作的计划日程中来。督导工作岗前培训主要是进行督导工作业务辅导与经验交流，让新加入督导专家队伍的专家能较快地从学术专家、教育专家、管理专家的角色转换到督导专家的状态上来，也能让好的督导工作经验得到交流与推广，促进新老专家工作的融合与交接。

第三节 高校教学督导工作激励机制的建立与工作考核

一、高校教学督导工作激励机制的建立

任何工作的关键因素都可以归宗于"人"的因素，高校教学督导工作也不例外，只有通过良好的制度设计和物质保障调动教学督导专家的积极性，才能使督导工作走上可持续健康发展的道路。

教学督导工作所面临的种种困境都源于优秀督导专家人才的流失，他们或是觉得不受重视、不被尊重，或是认为督导工作总是在"得罪人"，而不是"成就教师、成就学生、成就教学"，优秀人才流失，则工作队伍萎缩，督导工作停滞。

亚伯拉罕·哈罗德·马斯洛于1943年初次提出了"需要层次"理论，他把人类纷繁复杂的需要分为生理的需要、安全的需要、友爱和归属的需要、尊重的需要和自我实现的需要五个层次。马斯洛把基本需要分为高、

低二级，其中生理需要、安全需要、社交需要属于低级的需要，这些需要通过外部条件使人得到满足，如借助于工资收入满足生理需要，借助于法律制度满足安全需要等。尊重需要、自我实现的需要是高级的需要，它们是从内部使人得到满足的，而且一个人对尊重和自我实现的需要，是永远不会感到完全满足的。高层次的需要比低层次需要更有价值，人的需要结构是动态的、发展变化的。因此，通过满足员工的高级需要来调动其工作积极性，具有更稳定、更持久的力量。

从马斯洛的"需要层次理论"角度来看，教学督导工作应归属于"尊重的需要"和"自我实现的需要"这两类高层次的需要。能担任教学督导专家的优秀人才都是高水平的教师、教学研究人员和教学管理人员，他们从事教学督导工作绝不是出于获得督导津贴收入、融入社会关系等"生存需要""安全需要"和"归属需要"等低层次需要。可以肯定地说，教学督导专家如果将用于督导工作的时间和精力从事专业技术工作将获得远远多于督导工作的物质或其他回报。然而，他们愿意加入督导专家队伍则主要出于对教学的热爱、对学校的热爱，他们愿意牺牲自己的时间和精力指点后辈前进，为学校教书育人这一首要任务作出贡献。

双因素理论是美国的行为科学家弗雷德里克·赫茨伯格提出来的。赫茨伯格通过调查发现，使员工感到满意的都是属于工作本身或工作内容方面的；使员工感到不满的，都是属于工作环境或工作关系方面的。他把前者叫作激励因素，后者叫作保健因素。保健因素包括公司政策、管理措施、监督、人际关系、物质工作条件、工资、福利等。当这些因素恶化到人们认为可以接受的水平以下时，就会产生对工作的不满意。但是，当人们认为这些因素很好时，它只是消除了不满意，并不会导致积极的态度。那些能带来积极态度、满意和激励作用的因素就叫作"激励因素"，这是那些能满足个人自我实现需要的因素，包括成就、赏识、挑战性的工作、增加的工作责任以及成长和发展的机会。如果这些因素具备了，就能对人们产生更大的激励。激励因素和保健因素都有若干重叠现象，如赏识属于激励因素，基本上起积极作用；但当没有受到赏识时，又可能起消极作用，这时又表现为保健因素。工资是保健因素，但有时也能产生使职工满意的结果。双因素理论强调：不是所有的需要得到满足都能激励起人的积极性。只有那些被称为激励因素的需要得到满足时，人的积极性才能最大限度地发挥出来。如果缺乏激励因素，并不会引起很大的不满。而保健因素的缺乏，将引起很大的不满，然而具备了保健因素时并不一定会激发强烈的动机。赫茨伯格还明确指出，在缺乏保健因素的情况下，激励因素的作用也不大。

从赫茨伯格的"双因素理论"角度来分析，教学督导工作的制度设计、督导工作的物质保障属于"保健因素"，即督导工作机制不健全、物质保障不到位会大大影响督导专家工作满意程度，然而这些"保健因素"的改善，例如督导津贴提高并不会显著激发督导专家的工作积极性（我们经过调查发现，当督导津贴低于兄弟院校平均水平时会引起督导专家的消极情绪，然而这种情绪的产生并非源于待遇本身，而是低待遇所诱发的不被重视与尊重的负面情绪），因此，我们健全督导工作机制、提高物质保障水平主要是化解"不满意"因素。而真正激发督导专家工作积极性的"激励因素"则是督导工作带来的责任感、改善学校教学质量的成就感、通过督导研究工作成果获得同行尊重的荣誉感等。因而，高规格设置教学督导机构、赋予督导专家一定的权力、积极开展教学督导研究工作以及兄弟院校调研交流工作都是从这个角度出发增加督导工作的权威性、提升督导专家的积极性。

二、高校教学督导专家工作的考核

教学督导工作需要考核,教学督导工作的考核应该逐步规范化和科学化。

如何考核教学督导工作的成绩?我们可以从以下几个方面去观察和评价。第一,今年听课的数量比去年听课的数量增多,那么可以认为工作量提高,在这个方面是进步了的;第二,听课总数增加不多,但是去年听的课只占全部开课门数的二分之一,今年提高到三分之二,即听课覆盖率大大提高、听课工作的结构得到了优化,那么这样的工作也是进步了;第三,去年的督导工作主要是听课,今年则除了听课之外,还进行了教学调研、教学座谈、专项研究等督导工作,那么督导工作的种类扩充丰富了,这也是进步了;第四,去年教学事故数量多,教师教学评价靠后的人数多,今年教学事故数量降低,教学评价靠后的教师人数减少,也能体现督导工作的成绩;第五,今年教师教学发展工作取得更多成绩,教学工作获得更多同行与社会认可,也可以根据督导专家参与的情况认定为督导工作的成绩。

考核是为了促进督导工作健康科学的可持续发展,因此考核制度应该包含奖惩措施。首先,物质激励方面,对于工作基本任务不达标,主要是指听课数量未完成基础数额的单位与个人,应该扣减单位督导经费与个人督导津贴或劳务费用,对于多次无法完成基础督导工作量的个人应该规劝其离开督导工作岗位,对于多年无法完成基础督导工作任务的单位,可与人事部门在年终单位考核时进行处罚。其次,对于积极完成各项督导工作任务并且取得较好成绩的单位与个人,除了在经费等物质条件方面全力支持以外,还可以通过开展专项专题研究、年度评优评先、组织对外宣传与交流等方法进行精神鼓励与激励,进一步提升工作动力。

奖惩不是考核的目的，而是督导工作部门公平公正开展督导管理与服务工作的必要手段。

第四节 高校教学督导工作的信息化

教学督导工作信息化主要是方便督导专家更好地开展督导工作，将督导专家从过多的程序与流程性工作中解放出来，集中精力更多地关注教学内容与学术评价等深层次与高水平问题，同时又方便进行数据搜集与分析，从而进一步开展教学研究和督导研究工作。

教学督导工作信息化与教务工作信息化应该是一体的，或者至少互联互通的。例如，课堂教学督导评价过程中，督导专家进入教室就可以知道课程基本信息（包括实时获取课程教学大纲和课程学习指南），教师和学生基本信息（包括教师之前的评教数据、教学科研基本情况；学生专业、班级和教师对学生的评价数据等），如果连接了考勤机，那么出勤率也能掌握。这些深度信息化工作能让督导专家及时了解背景信息，从而对课堂教学更准确地进行评价。另外，督导专家的评价数据与意见建议，能够通过手机等终端直接格式化的输入，不仅包含定量化的客观选择打分项，也包含定性化的文字评价意见，还可以直接上传课堂照片与小视频，那么不仅工作更便捷，评课数据也更加工整及时和便于分析研究。

第五节 高校教学督导工作管理制度的制定

说到高校督导工作的管理制度建设，很多兄弟单位还是相对薄弱，下

第二章 高校教学督导工作的管理机制

面笔者将结合所在单位教学督导工作管理制度的内容和制定过程来谈一下其中的理论思考。

2014年4月，笔者所在的中国传媒大学成立了由校长担任委员会主任的校级教学督导委员会，统筹全校的本专科和研究生教学督导工作，担负"督教（教学）、督学（学风）、督管（服务）"的三大主要任务，这是大学内部治理工作中的标志性事件，象征着"决策、执行、监督、反馈"的运行系统在学校层面得到了制度性的落实。

2015年6月26日，教育部发布第69号高等学校章程核准书，正式核准了《中国传媒大学章程》。在这部章程中，明确学校设置教学督导委员会，"对本科教育教学和研究生教学培养工作统一进行监督、检查、评估和指导"，使其成为学校内部与学术委员会、学位评定委员会、教学指导委员会等并列的高规格治理机构，让"监督、反馈"与"决策"在学校最高层面合一。同时，学校独立设置了督导工作日常机构，将教学督导工作从原来的教务处和研究生院独立出来，专门设置了正处级的教学督导委员会办公室，日常工作经费与各种物质条件均独立于监督对象，并直接向学校校长或学校常委会汇报工作。据搜集到的公开资料，中国传媒大学是目前为止国内"985""211"工程高校中唯一专门在大学章程中"立法"要求设置教学督导委员会的高校。这不仅体现了学校领导的高度重视，也是学校在大学内部治理结构工作中的突破性探索。

我们的教学督导管理制度建设工作正是依据《中国传媒大学章程》要求开展，目前为止已经形成了以《中国传媒大学教学督导委员会章程》（以下简称《章程》）和《中国传媒大学关于开展教学督导工作的指导意见》（以下简称《指导意见》）为核心，一系列具体细化措施规定为辅助的系统的管理制度体系。

下面将有重点地选取部分条款讨论我们拟定相关规章制度过程中的各

种思考。

第一条 为全面加强本专科教学及研究生培养质量评价与保障，保证教学与培养过程和各个环节按规范进行并达到相应的质量标准，强化教学培养检查与评估力度，全面提高教学与人才培养质量，根据《中国传媒大学章程》第二十六条"学校设置教学督导委员会，对本科教育教学和研究生教学培养工作统一进行监督、检查、评估和指导，按照其章程开展工作"制定本《章程》。

《章程》第一条明晰了我们制定教学督导工作章程的依据，明确了学校教学督导工作的目的与任务，关键词就是"质量"，而主要工作手段就是"监督、检查、评估和指导"。

第二条 中国传媒大学教学督导委员会设主任 1 名，由校长兼任；副主任若干名，分别由学校分管学生工作的党委副书记、分管本科教学和研究生培养的副校长兼任。设专任委员 1 名，由学校教学督导委员会日常工作机构负责人担任；委员若干名，由学校教学督导专家、教务处、研究生院和学生处负责人等兼任。

《章程》第二条是学校教学督导委员会组成结构，校长兼任委员会主任体现了学校主要领导对教学督导与教学质量工作的重视，也为教学督导过程中发现问题的解决创造了良好条件。学校分管学生工作的党委副书记成为教学督导委员会副主任是学校教学督导委员会组成结构的重大创新，不仅将学生工作里的学风巡视纳入"督学"工作中，也为很多涉及学生的教学问题创造了新的解决途径。我们在深入开展教学督导工作之后，发现

第二章 高校教学督导工作的管理机制

当下存在的很多教学问题，已经不再是教师教学的问题，而是学生学习或者教师教学与学生学习相互关系的问题，因此，将学生"学风"的"督学"工作整合纳入，是我们开展教学督导工作的新发展。另外，主管教学的副校长与各个教学职能部门主要负责人共同组成教学督导委员会为协调解决涉及多个部门的教学问题创造了可能性。

第三条 学校实施学校、学部（中心、直属学院）二级督导机制。各学部（中心、直属学院）须成立本单位教学督导委员会（以下简称"二级督导委员会"），主任由学部部长（中心主任、直属学院院长）担任，实施"一把手"工程。

《章程》第三条主要是明确学校的教学督导工作是二级督导制度，而且二级单位教学督导委员会的主要负责人是二级单位"一把手"，这主要是明确主体责任，也希望二级单位"一把手"重视督导工作，便于二级单位教学督导工作的顺利开展，确保相关工作开展的物质条件得到有效保障，发现的问题能够在二级单位主要领导关怀下有效及时解决。

第六条 校级教学督导专家由校长聘任。受聘者应具有教授职称，年龄符合我校人事处规定，身体健康，胜任本职工作。校级教学督导专家人选由培养单位及有关部门推荐，经学校教学督导委员会考察后提交校长认定。校级教学督导委员会每两年换届一次。在一届任期内，学校可根据需要对专家工作进行适当调整；因个人原因不能任满期限者，需提出书面辞呈。

第七条 二级督导委员会的督导专家由本单位聘任，主要从具有高级职称的我校教师中聘任，也可聘任校外专家。专业硕士研究生培养督导专家需有资深行业人员参与担任。督导专家应由退休教师和在职人员等组成，退休教师为专职督导，在职人员为兼职督导。二级督导委员会专家组组长由本单位无行政职务的资深教授担任。二级督导委员会专家名单由二级单位每学期期末报送学校教学督导办公室，由学校教学督导办公室报人事处确认。

  《章程》第六条、第七条主要是规定了学校两类教学督导专家的准入条件和退出程序。需要说明的是，我们鼓励学校教学督导专家在学部（学院、中心）兼任二级单位教学督导专家，这样的专家能更好地兼顾宏观与微观两个层面的教学督导工作，也能更好地沟通好学校与二级单位的督导工作信息。此处也明确了研究生教学督导工作中应该注意专业学位研究生的行业培养与实践教学问题，完善了学校教学督导工作的覆盖面。

  第九条　校级教学督导委员会职能。对学校本专科及研究生教育发展规划、教学与人才培养改革、教学管理以及其他重大相关事项进行督导并提供咨询服务和建议；受学校委托开展教学与人才培养工作调研，根据学校阶段性工作重点进行专项检查和评估；及时了解和评价本专科教学及研究生培养工作，了解相关信息，并予以反馈公布；为学校教学与人才培养工作的持续改进与质量提升发挥作用等。具体可以包括：

  督促建立良好的教学质量管理制度，构建规范的教学质量保障措施，建设公开、公正、渠道畅通、反馈及时的教育培养信息体系。对校风、教风和学风负督导的责任。

  根据学校教学与人才培养工作的阶段性工作重点，对学校教学和人才培养工作进行专项检查和评估，并根据评价与分析结果，向学校提供咨询建议并为健全各项教学质量管理制度提出建设性的意见。

协助学校不断改进基层教学与培养单位的质量评价体系，对我校教学与人才培养质量各个环节实施全面督导。

根据教学管理部门的工作安排，督促各基层教学与培养单位执行和落实学校有关教学与人才培养管理的规定和措施，如可抽查基层单位的教学培养文件和材料等。

对二级督导委员会的工作进行指导与服务，组织全校性的教学督导总结会、经验交流会等。

对教学环境和教学条件进行监督，重点落实以教育教学为重心、服务教育教学的责任督导。

完善教学督导和监测报告发布制度，健全问责机制，提高教学督导的权威性和实效性。督促相关单位建立健全公示、公告、诫勉谈话、约谈、奖惩、限期整改和复查等制度。定期向党委会和校长办公会汇报教学督导情况。

学校教学督导工作围绕学校教学质量这一中心工作，建立"督导—反馈—整改"的闭环流程，形成持续改进机制。将"督课堂""督课外""督教""督学""督管""督服务"有机结合，实现"全环节、全流程、全方位"和"全员"教学督导。

第十条 校级督导专家职责。对学校学风、教风建设进行督导，发现问题，提出问题；敦促各相关部门解决或协调解决教学及相关问题；为学校提供咨询服务，提出意见、建议。

对教务处、研究生院的相关教学文件及文件落实执行情况进行督导检查。抽查各培养单位的教学文件及教学资料存档。

对有关教学与人才培养方面的各类评奖、对教师职称晋升教授、副教授和岗位聘任，对学校教师教育教学水平能力测试给予评价意见和建议。

对相关的二级督导委员会专家的工作进行指导与服务，关注和指导二级督导委员会专家的队伍建设，参与相关单位的教学督导总结会、经验交流会等。

深入课堂听课，了解一线教师的教学状况及学生学习情况，了解教学设计及教学目标的达成度，并及时通过各种平台或渠道反馈。

第十一条 二级督导委员会职能。监督并指导二级培养单位教育教学培养相关事宜，对二级培养单位负责并接受学校教学督导委员会的业务指导，领导和组织二级督导专家开展工作。根据学校要求与本单位工作安排，开展二级培养单位的教学与人才培养评价、质量监控与评价，并快速反馈教学与人才培养工作信息，督促有关教学管理规章制度的贯彻执行。

第十二条 二级督导委员会专家职责。负责对本单位教学与人才培养工作运行情况、教学管理情况、规章制度执行情况、教改教研活动情况以及教风学风、教学服务等情况进行督导检查，对其中存在的重大问题，及时向本单位领导汇报，或在本单位无法解决的问题，及时向学校教学督导委员会办公室等有关部门报告。

参与本单位学科与专业建设、教学培养等各教学培养环节的督导检查工作。协助本单位资深教授每两年全面抽查本单位所有的课程指南、教学大纲、讲义、学生评教等相关教学环节文本。

参与对本单位任课教师进行一年一次的全覆盖日常听课（包括本单位领导、教学管理人员、辅导员、同事等人员的听课），对课程设计、课程准入、课程安排、课程优化、课程师资队伍建设等方面进行督导并提出建设性意见；对本单位教学设计和实施目标以及保证学生取得特定学习成果进行督导。

与本单位学生信息员工作结合起来，通过学生信息员，了解学生学习状态和广大学生对学校教学、人才培养与教学管理工作的意见、建议。

配合学校督导委员会和学校有关职能部门的工作安排，做好本单位的各项教学与人才培养检查评估和专项教学督导工作。

第二章 高校教学督导工作的管理机制

《章程》第九条至第十二条主要是明确学校、学部（学院、中心）教学督导委员会的职能以及两级教学督导专家的具体专家职责，即"发现问题、反映问题、督促解决问题"。教学督导委员会从根本上并不是行政管理单位，它并不创造或者分配各类教学资源，它更接近于一个监督部门、咨询部门。教学督导专家也并不是一个执法者，并不是对具体问题进行裁决与处理的行政管理人员。因此，教学督导委员会必须与教务处、研究生院、学生处等教学相关单位紧密合作，这个定位是不能模糊的。教学督导委员会既不能越俎代庖地行使教学管理部门的工作权力，也不能超越工作边界的对具体事件进行奖惩处理。不妨将教学督导专家与人大代表或者政协委员进行类比，即我们监督教学部门与教学工作的运行，发现教学相关问题反馈给主管行政部门处理，对部分复杂问题进行深入思考、组织调查研究、撰写建议报告，从而促进学校的教学工作稳步提高。

第十三条　学校教学督导委员会和二级督导委员会应不断加强自身建设，努力学习党和国家的教育方针、政策，了解教学新技术、新方法，解放思想，更新观念，开拓进取，求实创新；发挥自身的优势，不断总结经验，积极支持和促进教学与人才培养改革；广泛听取广大教师和学生的意见，不断改进自己的工作，高效率地进行教学督导等工作。

《章程》第十三条是对教学督导研究工作提出了明确要求。现代信息技术深刻改变了教学生态，不仅从技术上教学督导专家要努力学习新知识，从教育观念上也要努力适应时代新趋势。

第十四条　学校教学督导委员会是在学校领导下，对学校的教学与人才培养工作进行监督、检查、评估、研究、咨询、指导与服务的专门组织，是我校教学与人才培养质量监控体系的重要组成部分。实施督导专家进课堂是学校保证教学质量、监管教学秩序的重要手段之一。各教学单位及职能部门应为本单位的督导专家开展工作提供必要的办公场所，办公设备等条件；学校教学管理人员和教师要积极配合支持教学督导专家的工作。任何单位和个人不得以任何借口拒绝督导专家开展正常的督导工作，须尊重督导专家的工作，自觉维护学校教学督导工作的权威性。督导专家应佩戴督导工作证进入课堂执行督导听课任务。

《章程》第十四条中专门写清楚了"任何单位和个人不得以任何借口拒绝督导专家开展正常的督导工作，须尊重督导专家的工作，自觉维护学校教学督导工作的权威性。"这是因为即使是在我们学校，学校领导如此重视督导工作的情况下，仍然有极少数单位及教师以各种方式拒绝、抵制督导专家正常开展工作，个别单位的领导也不甚支持督导专家开展工作。这也是部分兄弟单位开展工作中经常遇到的情况。教学督导工作某种程度上是一种"得罪人"的工作，因此如果不在基本督导工作规章制度中保障督导工作合法性与权威性的话，督导工作难以受到重视和尊重。

第十五条　教学督导委员会和教学督导专家应按照学校工作重点和工作要求，在校内或校外进行各项教学调研活动；按照学校工作安排进行专项督导；监督各教学单位及相关职能部门落实和执行学校有关教学与人才培养的政策和措施。

督导专家进行调研、专项督导及评估、检查等活动时，应依照学校教学管理的相关规定进行。

学校教学督导委员会的工作以学科群分组。根据学校教学督导委员会

第二章 高校教学督导工作的管理机制

的任务安排，各学科群督导专家可以采用集体或单独的形式开展活动。

教学督导专家在开展工作时，应按规范要求做好工作记录，并归纳总结后提交学校教学督导委员会办公室，以便及时汇总和分析。

签发《中国传媒大学教育教学质量督导意见反馈单及问题处理结果告知单》是学校教学督导委员会办公室与各单位和相关部门沟通的重要方式之一。各部门须重视专家提出的问题，并及时答复意见反馈单及问题处理结果。

《章程》第十五条明确了学校教学督导工作的一个重要工具，即《中国传媒大学教育教学质量督导意见反馈单及问题处理结果告知单》。我们规范化这个督导工具，源于把督导工作过程中发现的问题"落到纸面"，从而能归整入档并集中进行研究整理，也正因为有了这个工具，我们发现相当多的问题屡提屡犯，一直得不到有效解决。教学中的问题有很大部分要归因于教学相关部门，真正属于教师教学的，反而只是其中一部分。对于这个重要的工作工具，后文有专门的章节介绍，此不详述。

第十七条 学校为校级教学督导委员会设立专项经费，按照年度拨付学校教学督导委员会办公室账户。教学督导经费分为"学校教学督导专家津贴""教学督导专项研究经费"和"教学督导工作运行经费"三部分。前者由学校教学督导办公室按照人事处和财务处的有关规定每月发放给校级督导专家。

后两项经费包括校内专项调研、评估和研究项目工作费用，校外专项调研、会议差旅费用，校内外专家专项督导工作劳务费等。

学校为二级督导委员会设立教学督导专项经费。该经费的拨付及发放办法参照学校相关规定执行。

各单位应为本单位教学督导委员会提供专项工作经费。

《章程》第十七条明确了两级教学督导组织的工作经费保障问题,从学校教学督导经费分类可以看出,学校非常重视"教学督导专项研究"工作,专门拨付了大量经费。另外,学校二级单位教学督导委员会的经费由学校拨款和单位支持两部分构成,这样既体现了学校对各二级单位督导工作的支持,也能真正让各单位重视督导工作,真正把二级单位督导专家用好,让二级单位督导工作落到实处,促进本单位的教学质量提高。

第十八条　校级、二级培养单位的教学督导专家有权列席学校(学部、中心、直属学院)重要教学与人才培养工作会议。

第十九条　教学督导专家根据督导经验,在评选优秀教师和教学质量优秀奖等各种奖励时,有权提出建议和意见。

第二十条　教学督导专家有权监督曾提出的问题是否得到按时回复和解决。

《章程》第十八条至第二十条保障了教学督导专家的几项重要权利,一个是知情权,即对所负责领域的教学工作能全面了解,能接触到重要的教学文件和教学信息。能对教学方面的评优评奖发表意见和建议,这也能提升教学督导专家工作的权威性。近年来,学校还推进了教学督导专家在教学序列职称评审过程中发挥作用,这也是学校重视教学督导工作的重要体现,对提升教学督导工作有效性起到了很积极的作用。另外,督导专家能监督有关部门对问题反馈情况的处理,这是督促问题有效解决的制度保障。

《指导意见》是对《章程》的具体细化解释,侧重于指导具体教学督导工作实践,并根据学校校情,制定了相关工作标准。

第二章　高校教学督导工作的管理机制

《指导意见》第1部分第3条　教学督导的情况和结论将作为学校对二级培养单位以及管理人员与教师年度评奖、考核、晋升的参考依据之一。

《指导意见》第1部分第3条明确了教学督导工作结果的运用，即教学督导专家的评价意见将影响被评价单位或被评价人员。这也是期望教学督导专家的工作被单位和个人重视，树立督导工作的权威性。

"《指导意见》第2部分第3条　建立二级培养单位教学督导委员会，健全教学与人才培养质量监控体系，设立和完善基层教学督导组织，各二级培养单位根据学校督导文件制定本单位的督导工作文件及工作流程，为督导专家顺利开展工作创造条件。二级督导委员会专家根据督导组织的工作职责开展工作，对本单位负责，并接受学校教学督导委员会的业务指导和工作委托。

二级督导委员会专家在日常督导工作中发现的问题，直接向本二级培养单位反映并填写《_____（学部、直属学院、中心）教育教学质量督导意见及问题处理结果告知单》；对督导专家在工作中发现和反映出来的有关问题，二级培养单位必须给予足够重视，及时研究，妥善处理，在规定的日期内答复。"

《指导意见》第2部分第3条明确了学校教学督导委员会与二级单位教学督导委员会的关系，即不是隶属关系，而是"接受学校教学督导委员会的业务指导和工作委托"，因此学校的二级教学督导委员会"源自本单位，服务本单位"，这样的组织方式设计也是希望二级单位教学督导专家更好地服务本单位，使其工作阻力得到最小化，发现了问题也是内部问题内部处理，避免小问题外部传播，造成不必要的工作矛盾。在具体工作实践中，学校教学督导委员会也是尽量保持合理的距离，二级教学单位教学过程中的小问题都是自己处理，只有涉及多个单位的问题或者比较重大的教学问题，才有学校督导专家具体介入。日常的教学督导工作，均由各单位具体安排，学校教学督导委员会定期举办工作交流会，交流督导工作中的情况。学校教学督导专家分学科群联系各个单位，汇总教学督导工作信息。遇到学校主题教学工作，例如本科审核评估工作等，就由学校教学督导委员会组织各二级单位教学督导委员会确定工作重点以及专项督导工作或专项督导调研，具体工作操作二级教学单位督导委员会都有全部的决断权。

《指导意见》第4部分 工作要求

1. 学校教学督导委员会

根据《中国传媒大学教学督导委员会章程》，学校教学督导委员会应根据学校领导指示和教学工作重点，开展专题调研工作，根据学校阶段性工作重点进行专项教学与人才培养工作检查和督导，为学校教育教学及人才培养决策提供依据。具体要求：

(1) 根据教务处《本科教学质量报告》《本科教学状态数据》《本科教学网上评教结果》及研究生院《研究生网上评价报告》等内容，确定学期和年度工作重点，当年组织2~3次全校性的重点内容专项抽查督导（如课堂教学专题评估、毕业设计、学位论文、试卷、课程论文、专业审核评估、学位论文开题、中期考核、综合考试、研究生导师指导等），对教学与人才培养环节进行重点督导。

(2) 结合学校"质量工程"的推进，每年组织针对"质量工程"项目的专题调研、督导；理顺"入学"（生源分析）、"教学与培养"（过程

第二章　高校教学督导工作的管理机制

监控)、"毕业与就业"(绩效评价)的全程质量管控与监督。

(3) 校级教学督导专家每学期完成一定量的听课任务，形成听课记录：校级本专科督导专家平均每月听课不少于12学时；校级研究生督导专家平均每月听课不少于8学时，并同时对研究生开题、硕士生中期检查和博士生综合考试、导师指导、学位论文等进行督察；定期组织专题课堂听课和专项教学检查，协同与组织各学部（中心、直属学院）督导专家做好各项工作，并及时通过相关平台或渠道反馈。

(4) 加强对全校督导工作的总体推进，每学期组织1~2次二级督导委员会专家与相关职能部门交流会，集中反馈有关问题。

(5) 每年组织1~2次督导经验交流会或调研活动，交流督导工作经验。

(6) 根据教学督导过程中了解到的情况，及时向相关二级培养单位和管理部门反馈《中国传媒大学教学督导意见反馈单及问题处理结果告知单》，促进相关问题的改善或解决。

(7) 不定期的编发"教学督导工作简报"，使学校领导和广大师生从不同的角度了解我校教育教学情况。

(8) 协助学校有关单位落实学校两级党政领导干部听课制度。

2. 二级督导委员会

(1) 每学期初，各二级督导委员会要根据学校教学与人才培养工作安排和本二级培养单位工作实际情况，制订本学期教学督导工作计划，并报学校教学督导委员会办公室备案。

(2) 二级督导委员会成员及教学督导专家要坚持经常性听课，重视课程准入制，重视课程优化，特别是对新任教师或者新开课程，对学生反映教学效果存在一定问题的教师，对申报与教学有关的各种奖项的教师的教学情况，应重点予以关注。对教师在教育教学活动中出现的违背党和国家大政方针、违背宪法法律、危害国家安全、破坏民族团结等言行应及时制止。

(3) 督导专家要保质保量地完成听课任务。本科专职督导专家平均每月听课不少于12学时,兼职督导专家平均每月听课不少于6学时;研究生专职督导专家平均每月听课不少于8学时,兼职督导专家平均每月听课不少于4学时,并同时对开题、硕士生中期检查和博士生综合考试、导师指导、学位论文等进行督察;认真做好各项记录,提出建设性意见和建议并及时通过相关平台或渠道反馈。校外督导专家、行业督导专家的听课量和其他工作量由二级督导委员会根据情况制定。

(4) 二级督导委员会专家还应完成对日常学术指导、中期教学检查、期末考试与考核、实习实践、课程论文、研究生科研与学术活动、中期考核、毕业设计与学位论文等教学及人才培养环节的督导工作。

(5) 二级督导委员会专家应当通过专项工作调研等多种途径收集了解教学与人才培养信息,以便掌握相关动态,加强信息反馈。督教、督学、督管相结合,二级督导专家在教学督导过程中,一旦发现学生在课堂学习过程中有消极现象,需和本单位主管学生工作的领导,辅导员反映相关情况,且需持续关注和督促。

(6) 二级督导委员会专家根据需要召开工作例会,分析发现的问题,研讨解决问题的对策,并向所在培养单位相关领导通报。

(7) 每学期末,二级督导委员会专家要认真汇总、整理各项教学与人才培养工作检查督导材料,分类归档保存;同时要认真做好每学期教学督导工作总结,并报学校教学督导委员会办公室备案。

二级督导委员会督导专家组长,应协助学部(中心,直属学院)建立相关督导文件,落实执行相关文件,并组织、协调相关督导工作。每学期至少撰写两期"教学督导工作简报",并抄送给学校督导委员会办公室。

(8) 协助学校有关单位落实干部听课制度。

每学期末，应将所有记录本交到各单位教学督导办公室，装订后交学校教学督导委员会办公室存档。存档后，如需查档，须经学校教学督导委员会办公室许可。"

《指导意见》的第4部分是具体工作指南与具体工作要求，可以看到学校教学督导委员会和校级教学督导专家的工作更加宏观，基本上是结合学校教学工作有重点的实施主题督导工作，校级教学督导专家和二级单位教学督导专家的听课任务是一样的，这样也能让学校教学督导专家深入课堂教学，直观了解学校实际教学状况。学部（学院、中心）教学督导专家则主要聚焦于相对微观的教学督导工作，除了课堂听课外，还需要完成指导意见中明确了的其他督导工作任务。另外，指导意见也明确了"落实干部听课制度"，这是配合学校教学管理部门的相关文件规定，让二级单位领导能深入课堂，切身地了解本单位教师教学水平。2014年以来，学校的领导也多次进入课堂听课，包括学校党委书记和学校校长，这也体现了学校领导对教学工作、教学质量工作和教学督导工作的重视。第4部分最后提到了督导听课档案的保管，这是学校教学督导工作的珍贵资料，也是开展教学研究工作的重要数据，2017年9月学校迎接了教育部本科审核评估，来访学校教学督导办公室的三位评估专家看到整齐摆放的数百本督导专家听课记录档案后，对学校教学督导工作进行了表扬。这些档案不仅见证了学校教学工作的进步，也是我们考核各二级单位教学督导工作的重要依据。

《指导意见》第5部分 教学督导人员任职与聘任

教学督导专家由学校教学督导委员会和二级督导委员会参照《中国传

媒大学教学督导委员会章程》中的任职条件及聘任程序分别聘任。每次聘期两年。对于上一次聘任期间履职情况良好的专家，根据工作需要和本人意愿结合身体和年龄条件，可以续聘。

退休教授宜受聘为专职教学督导专家，在职教授或副教授等宜受聘为兼职教学督导专家；同时要充实中青年教学督导专家，中青年教师的比例一般不低于20%。专业硕士研究生培养教学督导专家需聘用资深行业人员担任。督导专家应身体健康，胜任督导工作，年龄符合人事处规定。

各二级督导委员会根据本单位学生数、任课教师数及承担教学及人才培养任务等情况聘请教学督导专家，所聘任专家的个人情况应报学校教学督导委员会办公室备案。

学生教学信息员可根据工作需要聘用。

《指导意见》第5部分明确了教学督导专家聘用的具体标准和相关事宜。按照学校领导要求，我们还将进一步鼓励各级教学名师、青年教师教学大赛获奖者等进入教学督导专家的队伍，进一步优化督导专家队伍的年龄结构。另外，学生信息员是我们从兄弟院校借鉴而来的，聘用一定数量的学生信息员不仅能够搜集学生对于教学的意见建议，还能够协助各单位教学督导专家特别是部分老督导专家开展更多的教学督导工作。

第六节　高校教学督导管理与服务机构的其他工作内容

除了上述规章制度建设、组织与专家队伍建设等工作外，下面将结合一期工作简报介绍高校教学督导管理与服务机构的其他工作内容。

第二章　高校教学督导工作的管理机制

【中国传媒大学教学督导工作简报
2016—2017 学年第一学期第 2 期 总第 50 期】

1. 2016—2017 学年第一学期本科期末考试督导巡考工作顺利结束

2017 年 1 月 3 日至 13 日，学校教学督导办公室与教务处共同组织了 2016—2017 学年第一学期本科期末考试督导巡考工作。16 位督导专家参与了此次长达 2 周数百场次的考试巡考工作。

1 月 13 日上午 9 点，本次督导巡考工作总结会在 1 号教学楼 308 室顺利召开。学校本科期末考试巡考督导专家、各单位主管教学负责人及教学管理工作人员代表、教务处主管领导及相关科室工作人员、学校教学督导委员会办公室负责人及工作人员参加了会议。

会议首先由学校教学督导专家冯宋彻老师代表全体巡考专家总结了本次巡考工作情况。本次本科期末考试总体良好，但也出现了一些值得注意的情况。教学督导委员会认为：①教务处应进一步加强考前监考老师培训，严肃监考纪律，禁止监考教师考试期间使用手机、电脑等电子设备，禁止老师做与监考无关的事情；②建议教务处与人事处、教学督导办公室共同组织命题相关培训，请专家就命题规范、命题经验等进行传授与交流，要求青年教师或初登教学岗位的教学人员必须参加；③《大学英语》考试组织很好，命题也相当规范，是学校考生人数最多的考试，考试期间，主管领导、教研室主任、命题教师等均到场，确保考试中发生任何问题都能得到及时解决；各教学单位和教务处巡考工作也组织得很好，主管领导和各单位督导专家巡考到位。

随后，部分教学单位与教务处负责人介绍了本次期末考试组织工作的情况，对考试期间发生的个别问题进行了说明。最后，参会专家就本次考试进行了广泛交流。

学校教学督导办公室将整理好督导专家们的意见发送给相关单位。随着考试周结束，本学期教学督导工作也接近尾声，截至2016年年底，各项督导工作按计划进行，各单位听课查课、各类专项督导工作有序完成，为学校教学质量的保障贡献了一份力量。

2. 学校组织教学督导专家调研浙江大学、浙江传媒学院并与校友座谈

2016年11月16日至20日，学校教学督导办公室组织调研团赴杭州调研了浙江大学、浙江传媒学院的教学督导工作并与在杭州工作的我校部分校友进行了座谈。调研团由校级教学督导专家、艺术学部、理工学部、马克思主义学院、外国语学院教学督导专家代表组成。

17日上午，调研团赴浙江大学本科生院调研。浙大本科生院主管领导、本科教学督导专家代表与相关科室工作人员参与了座谈。座谈中，两所学校的督导专家就督导工作沿革、督导理念、具体工作开展等进行了深入交流。

18日上午，调研团赴浙江传媒学院调研。浙江传媒学院项仲平校长与督导专家代表、相关部门负责人盛情接待了我校调研专家。项仲平校长在发言中首先感谢中国传媒大学对浙江传媒学院办学的大力支持，然后他介绍了浙江传媒学院的基本情况与开展教学督导工作的基本情况。随后，双方专家就具体督导工作进行了深入交流。

18日下午，调研团专家与我校杭州部分校友进行了座谈。此次校友座谈会的目的有两个：一是调研，二是看望校友，希望我校的毕业生对学校的培养多提建议。我校毕业生共有20多人参加了此次座谈。如今，他们中的许多人已成为各专业的业务骨干。在与他们的交流中，毕业生们都很想念广院，表达了对学校浓浓的眷恋之情和殷切的期望。座谈会增进了师生感情，也对我校人才培养理念与育人工作进行了思考，取得了极好的效果。

3. 学校组织教学督导专家赴珠海参加"全国高等院校教学督导、质量评价与监控体系建设交流会暨协作组年会"

2016年12月16日至19日，学校教学督导专家代表赴珠海参加了

"全国高等院校教学督导、质量评价与监控体系建设交流会暨协作组年会。"此次年会我校参会专家与来自全国的兄弟高校教学督导专家进行了工作交流,并积极参与了全国性教学督导组织的筹备工作。

4. 本学期全体校级教学督导专家工作会议召开

11月30日上午,本学期全体教学督导专家工作会议在44号楼405会议室召开。全体校级教学督导专家、学校教学督导办公室负责人及工作人员参加了会议。会议中,各校级教学督导专家交流了近期督导工作情况,讨论了教学督导专家津贴与劳务费用改革方案等事宜,学校督导办公室负责人介绍了校级教学督导专家换届情况等事项。

5. 学校组织教学督导专家赴北京邮电大学参加第八届北京市高校教学督导工作交流年会

12月23日,第八届北京地区高等院校教学督导交流会在北京邮电大学召开。我校教学督导专家李鉴增老师和学校教学督导办公室负责人田智辉老师受邀参会。此次交流会吸引了首都几十所高等院校参加。会议深入交流和探讨了高校教育教学督导工作,总结和推广了督导工作的经验和成效。在分组交流环节,李鉴增老师和田智辉老师与兄弟院校共同交流了我校的督导工作。

从这个示例中可以看到,学校的教学督导管理与服务机构在日常工作中需要组织专项督导工作(期末考试督导巡考)、组织专题调研和教学督导领域的对外交流学习(浙江大学、浙江传媒学院督导专题交流调研等)、组织定期的学校教学督导工作会议以及推进日常的听课查课和其他教学督导工作,并将这些工作信息定期以工作简报的方式公布。

第三章

高校教学督导工作的内容与职责

第一节 常规督导、专项督导与专题调研工作

教学督导专家的基本工作大致可以分为常规督导、专项督导与专题调研三大类。常规督导工作主要就是课堂听课评课、教学问题反馈等，这些属于质量监控工作领域；有的单位的督导专家还定期组织教学示范课、教学研讨等，这些属于教师教学发展领域。专项督导则主要是相对固定的教学环节督导，例如开学初的教学秩序专项督导、期中期末考试期间的考试考核专项督导、实习实践课程的专项督导、毕业答辩季的答辩与毕业专项督导以及涉及学位的论文质量专项督导等。专题调研这种形式的督导工作方式被部分大学重点采用，一方面在这些大学里，传统的听课评课、监督指导方式工作阻力较大，被督导对象抵触情绪比较大，另一方面采取专题调研的方式，能够更深入集中地把一类或者一个问题调查清楚，从而解决起来问题更有针对性，而且专题调研能发挥督导专家的学术研究优势，部分问题的调研报告调查数据扎实、学术理论水平高，有很高的学术价值与应用价值，权威性与说服力强。专题调研方式的督导工作将在高校教学督

导工作中占据日益重要的位置，相信会在越来越多的大学特别是高水平研究型大学的教学督导工作中发挥更广泛和积极的作用。

一、常规督导工作

常规督导工作主要是课堂教学评价，后文中有专门的章节进行论述。强调教师教学发展的教学督导工作还包括教学示范课和教学研讨研究。下面引用中国传媒大学艺术学部一次常规教学示范课与教学研讨作为对象分析一下此类常规督导工作的要点和注意事项。

【教学示范课与教学研讨的示例】

2017年3月14日下午1：30在视听中心声音混录棚（校电视台405）举行了音乐与录音艺术学院王珏副院长的示范课《影视剧录音工艺与技巧》。参加本次示范课的领导、督导专家有：艺术学部副学部长贾秀清，学部督导委员会主任李献文教授；督导专家路盛章、郑向荣、徐辉、王利丽、马建中、姜燕、朱伟、孟庆荣；青年教师蒋勐、苗素英、江怡辰老师共13人。

本次课主要内容为影视录音常用设备：话筒及其附件。王珏老师以精彩的中英文，详细介绍了影视剧录音过程中的话筒、调音台、录音机、话筒附件、DAW音频工作站、调音台/控制台等软硬件设备，讲解了多个专业品牌各个系列话筒的构造、性能、使用方法。在场的上课班级学生、旁听学生、领导、督导专家及青年教师都津津有味地听王老师的授课，获得了很多录音专业知识。

示范课后，领导、来宾与督导专家对王珏老师的授课进行了热烈的评议和讨论。评议活动由李献文教授主持，她感谢专家、领导百忙中来听王珏老师的课。

第三章 高校教学督导工作的内容与职责

录音专业督导专家朱伟首先发言：课程在师生熟知设备原理的基础上进行，很多名词前置课程已经交代，因此略过。王老师讲课方法合适，没有过多重合之前的理论教学，主要从应用来讲，把理论和应用很好地结合在一起。理论、基础概念交代得很清楚，与其他工科课程讲课方法不一样，王老师在课程上做了很多准备，很细致，交代清楚。双语教学，课件准备上很到位。应突出的方面：可以听一些音频，结合内容，结合录音实践。另外，授课内容以话筒用途分类，这个要交代一下，让学生更容易理解，用照片、实物对比会更好。

督导专家王利丽发言：自己是学文科的，本次听课很新鲜，很多专业知识不了解。王老师专业水平非常强，专业知识信手拈来；英文课件，录音专业的学生具有国际视野，非常难得；互动性自然，感受强烈，可见讲课功力；亲和力强，课堂氛围非常好，难得。

姜燕老师发言：关于讲解"如何选择话筒型号"等问题，如果结合现场听、看，效果会更好。王老师备课素材翔实，内容相接，英文授课方式对学生打基础很好。授课过程中，调动学生积极性，不是设计，将实际经验串接，自然。如果在使用的上面，针对不同的学生，有现场图片、实践经验会更好；关于分类的跳跃，本人很理解，是按照应用角度来分类，很好。

徐辉老师发言：我对专业不熟悉，评论录音有些天方夜谭。抱着学习的态度听课：第一，王老师声音好听，表达能力很强，信任力很强，很好地抓住了学生；第二，知识量很大，历史线条清晰，讲课一步步发展，每一点都有工艺创新，无形中培养了学生的创新意识；第三，从平常接触、听课，王老师人格魅力很强，细腻、讲究；第四，国际视野。建议：第一，加图示，尤其是各个种类的话筒，具体场景中录什么搭配哪个话筒、哪个摄影机，选择过程中让学生考虑这些话筒特点、不足等，有利于课堂知识更牢靠；第二，虽然学生有基础，但本次课知识量还显得有些太大，第三，"工艺技巧"如何侧重，本人觉得应该侧重技巧更好，促使学生听课之后去摸索。

郑向荣老师发言：自己在电视台工作十多年，现场拍摄和摄影师有交流，对声音不了解，今天得到很多知识。对学生来讲，尽可能多地掌握和技巧相关的工艺，对今后做选择有更好的判断，是很好的。如果根据设备使用实际情况，突出重点，有针对性，会更好。

路盛章老师赞扬王老师讲课非常好，非常重要。王老师语速均匀，知识点到位，讲课有意思，很过瘾，课程设置很好。他认为艺术类大学的课程基础要教扎实，英文对接实际工作，非常好，动画专业也要这样。课程学习扎实，之后才能更好地进一步学习。知识和经验结合，把握很准。他建议：应该播放声音例子（王老师解释：其实这个是课后作业，经过实践才能体会）。要在课堂讲一下作业要求，重点更加突出。

马建中老师发言：上课有章法，知识性、逻辑性强，内容具体，层次很好。课堂提问、例子解读等，是随着讲课的进程进行，娴熟。老师上课的想法、前因后果等都是很具体的，贯穿课堂始终。他建议，讲课中设置反向示范，更有意义。

孟庆荣老师发言：王老师上课提前到位作表率，做得很好。上课很不错。建议：增强图示，更加鲜活生动；增强实物教学力度。

贾秀清副学部长发言：能感受到王老师在课堂对学生温文尔雅、娓娓道来的气氛。督导专家现阶段应带着迎接评估的状态去听课、评课、指导教师的课堂教学。认真检查课程设置，坚守考核标准，健全考核环节。评估专家进入我校后要听三门课，看三门课，抽查2~4个专业的毕业设计，抽查试卷，走访管理层，写出综合报告，大会反馈。评估很严格，覆盖面很大。因此，请学部全体督导以评估要点来听课，抽查每个学院的毕业论文、毕业设计,及时发现问题。听课后要给老师具体建议。

李献文教授总结发言:特别感谢今天到场的督导专家,抽时间听课和评议。王老师站在讲台上,看她的穿着、举止、气质,就显现出大学教师的范儿。她讲课很干净,没废话,简单扼要;讲的内容很充实,表达很清楚,课件很整齐,有美感。建议:双语教学,PPT以英语为主,也要有简明扼要的中文。

王珏老师感谢各位老师的肯定。她赞同增加图片以丰富课件内容的建议,并解释了使用声音混录棚授课的理由。

督导专家点评会的同时,上课班级2015级录音艺术(音响导演)——影视录音班同学评价了王老师的授课。他们感受到王老师授课细致,清楚,有条理,干货多,资源多。中英文对照授课,显示出课程的国际化。他们提出了所学课程上课场所硬件设施的一些不足:2号楼录音棚冰冷,没有桌子;1教201教室凳子不够等问题,希望各级领导及时解决我们的硬件问题。

学校艺术学部的教学督导工作开展得非常有特色,以"成就学生、成就教师"而著称,督导工作也是"以督为辅,以导为主",上述示例中的学院领导示范课是艺术学部主题示范课"骨干教师示范课""学院领导示范课""督导专家示范课""青年教师示范课"系列之一。

结合上面的教学示范课与教学研讨会记录可以总结出以下几个要点和注意事项:

(1) 教学示范课不妨与教学研讨紧密结合,这样能够及时总结经验教训,强化示范效果;同时示范课程应以公共必修课或专业基础课为主,这样示范作用明显,受益面大。

(2) 参加示范课与教学研讨会的人员除教学督导专家外,最好还包括学校主管领导、学校教学职能部门领导及工作人员、学部学院主管教学领导以及教师代表,特别是青年教师群体。这样能够扩大示范课影响力,并且通过示范课后的教学研讨及时研究讨论和解决教学过程中的各种问题。

(3)教学研讨会的发言交流应是鼓励为主、建议或意见为辅,这样能让示范课教师更加虚心接受和改进课程教学。相同或相近专业的专家评价时不妨侧重专业内容,而跨领域专家不妨侧重教学技术与教学经验交流。

(4)教学示范课除了听取专家学者的评价之外,也应征求课程学生的意见和建议,从学生角度了解课程整体教学效果。课堂教学首先是教与学的问题,然后才是教师教学发展的问题。

(5)对教学示范课与教学研讨会的情况记录应及时整理归档,方便课后回顾以及之后开展进一步的教学研究工作。

二、专项督导工作

专项督导工作主要是集中力量进行主题性的监督和检查特定的和教学相关的重要过程和环节,以深入了解相关过程和环节的真实情况。下面以学校开展的几项专项督导工作作为示例来介绍相应专项督导工作的要点和注意事项。

【本科试卷专项检查工作】

教学督导委员会办公室、教务处与各本科教学单位在2017年4月共同组织了本科试卷专项检查工作。此次专项工作覆盖全校各本科教学单位,历时近一个月。

1. 本科试卷专项检查工作内容

本次试卷专项检查工作主要是根据教务处提供的《中国传媒大学本科

教学考试工作管理办法》试卷检查索引要求和教学督导委员会办公室提供的《中国传媒大学本科教学试卷检查评价表（教学督导专家使用）》重点检查2016—2017学年第一学期本科期末考试试卷及相关考试材料，包括非笔试类结课的试卷存档情况。

检查项覆盖"考试方式与命题准备""命题（笔试结课）""命题（非笔试结课）""阅卷与评分""试卷装订与存档"5大类别35个检查点。

2. 本科试卷专项检查工作中发现的主要问题与不足

（1）考试方式与命题准备方面，部分科目考试未经许可，擅自变更考试方式，将"论文结课"改成"随堂考试"或者"随堂小测验"，极不严肃。

（2）命题（笔试结课）方面，部分科目试卷AB卷重复率过高；部分科目试卷题型单一，单题分值过高，题量不够；部分试卷各类考题分值比例不符合所在单位命题规范；部分科目试题内容覆盖面窄、试题陈旧；部分试卷存在错别字、符号或图示错误、格式错误等问题。

（3）命题（非笔试结课）方面，部分非笔试科目试卷评分标准很不规范，缺细目表、比例表；部分非笔试科目未提交《中国传媒大学"非笔试试卷"考试课程结课说明》；部分非笔试科目材料格式不符合规范。

（4）阅卷与评分方面，部分科目改卷不规范，不登小分、只登总分，分数不记录在指定位置，缺阅卷人签名；部分试卷分数有改动，但无改动人签名；部分非笔试科目成绩分布不合理；部分科目评卷存在未严格按照"评分标准评分"的情况。

（5）试卷装订与存档方面，部分单位存在部分试卷未归档现象，部分非笔试科目考试材料由教师个人保管，不符合管理规定；部分试卷存档格式不符合要求，存档材料内容填写不齐全。

3. 解决上述问题与不足的建议

（1）建议各单位组织教师及教学管理人员认真学习教务处《中国传媒

大学本科教学考试工作管理办法》及各单位考试管理细则，严格按照相关要求与操作规范执行考试命题与试卷管理相关工作。

（2）建议教务处明确考试工作违规处罚条例，避免问题屡提屡犯。

（3）建议教务处、人事处与教学督导办公室共同组织"考试命题与试卷管理规范"的讲座培训，要求新入职教师必须参加。

（4）对于部分科目题库陈旧、内容覆盖面窄的问题，建议相关专业与教研室组织教学人员及时更新。

（5）建议各教学单位加强考试前的试卷审核工作，把可能存在的错误提前检查并更正过来。

（6）建议各单位应为考试材料与试卷档案保存设置专门的档案室由专人保管。

（7）建议各教学单位向理工学部学习，根据各自学科专业特点制定适合本单位的命题要求与考试管理细则。

中国传媒大学本科教学试卷检查评价表（教学督导专家使用）

（各教学培养单位可根据本单位及学科特点自行修改）

试卷名称：		考试对象：		
使用学年学期：		命题人：		
试卷工作评价专家签名：		试卷工作评价日期：		
检查项		评价（请在□内划勾）		
考试方式与命题准备	考试方式是否符合学校考试管理规定？	□是	□否	□不涉及此项
	考试方式是否符合课程内容？	□是	□否	□不涉及此项
	考试方式是否符合《教学进度表》内容？	□是	□否	□不涉及此项
	是否准确填写了《命题责任书》及试题袋？	□是	□否	□不涉及此项

第三章　高校教学督导工作的内容与职责

续表

检查项		评价(请在□内划勾)		
命题 (笔试结课)	是否具备A、B两套试卷,且均包括标准答案、要点、评分标准(要点较多的题目,必须标清每一步骤的评分标准)?	□是	□否	□不涉及此项
	A、B两套试卷在内容上重复率是否超过20%?	□是	□否	□不涉及此项
	考试题量与考试时间是否合适?	□是	□否	□不涉及此项
	考试内容是否覆盖教学大纲内容要求?	□是	□否	□不涉及此项
	考试难度是否合适?	□是	□否	□不涉及此项
	同一编码课程是否使用同一种考试方式及命题?	□是	□否	□不涉及此项
	试题中若有手绘图形,除在试卷上画草图外,是否用碳素笔将正规图形画在复印纸上?	□是	□否	□不涉及此项
	开卷考试中命题是否出现从教材或资料中可以直接找到答案的题目?	□是	□否	□不涉及此项
	开卷考试中是否充分考查学生运用所学知识进行思考和实践的能力?	□是	□否	□不涉及此项
	有限开卷考试的试卷命题中是否在试卷首页的醒目位置具体说明可使用的材料或工具?	□是	□否	□不涉及此项
	"笔试结课"课程命题是否严格按照规定的格式完成,打印稿统一用B5纸打印,宋体小四号字(题库出题除外),每道题目标清分值?	□是	□否	□不涉及此项
命题 (非笔试结课)	非笔试课程是否填写《中国传媒大学"非笔试试卷"考试课程结课说明》?	□是	□否	□不涉及此项
	非笔试课程论文、文案写作类课程是否要求学生按格式附封面,纸张标准为A4?	□是	□否	□不涉及此项
	非笔试课程每门课程的试题、标准答案或要点以及评分标准和《中国传媒大学"非笔试试卷考试"课程结课说明》是否有电子版备份?	□是	□否	□不涉及此项
	非笔试课程命题结束后学部/直属学院是否统一交教务处备案?	□是	□否	□不涉及此项

续表

	检查项	评价(请在□内划勾)		
阅卷与评分	阅卷是否遵循公正、准确的原则,做到宽严适度,前后一致?	□是	□否	□不涉及此项
	各单位是否根据本单位《阅卷管理规定》安排阅卷工作?	□是	□否	□不涉及此项
	是否采用题库或教考分离的试卷?	□是	□否	□不涉及此项
	是否实行流水作业方式进行阅卷?	□是	□否	□不涉及此项
	阅卷时是否存在撬密封卷?	□是	□否	□不涉及此项
	阅卷时是否存在对卷面做任何改动?	□是	□否	□不涉及此项
	阅卷时的给分方式是否前后一致,即按得分计分者必须全部计得分,按扣分计分者必须全部扣分,并在每道题后给出明确的对错标记?	□是	□否	□不涉及此项
	成绩分布是否合理?	□是	□否	□不涉及此项
	给分是否记入卷面指定位置,字迹清楚,并签名或盖章?	□是	□否	□不涉及此项
试卷装订与存档	阅卷单位是否以"行政班"为单位装订试卷,并且有试卷存档封面(教务处提供)?	□是	□否	□不涉及此项
	试卷装订是否按学号排序,且将学生成绩单、《试卷分析报告》装订在试卷前面?	□是	□否	□不涉及此项
	《试卷分析报告》如果涉及多个行政班,是否复印后分别装订在相关行政班试卷前面,且有考场记录单存档备查?	□是	□否	□不涉及此项
	电子材料中是否每门课程一个文件夹,以"课程编码+课程名称(A 或 B)"命名,如"026101 大学英语(A)或 026102 大学英语(B)",且每个文件夹里包含该课程的 A/B 卷试卷、答案(含评分标准)及试卷分析报告?	□是	□否	□不涉及此项

续表

检查项		评价(请在□内划勾)
试卷装订与存档	电子材料非笔试课程是否包含《中国传媒大学非笔试试卷考试课程结课说明》和试卷分析报告;如因特殊情况,同一单位同一编码课程存在两种及以上命题(须在本单位、教务处同时备案),在主文件夹下设子文件夹,以"命题教师姓名"命名,将命题资料放在各自的子文件夹内?	□是　□否　□不涉及此项
	成绩单是否永久保存?	□是　□否　□不涉及此项
	试卷是否在学生毕业三年后才按规定销毁?	□是　□否　□不涉及此项

对本门试卷检查的其他意见与建议:

试卷专项检查是教学督导常见的专项督导工作之一,可以包括考试前的命题专项检查和考试后的试卷评判专项检查及试卷管理归档检查等。上述示例是学校进行的考试后的检查,有以下几个要点和注意事项。

(1)试卷检查工作必须依据教学部门相关管理规定,并有相应的检查明细表,方便被检查单位平时参照、规范的开展试卷相关工作。例如上述示例中,教务处的《中国传媒大学本科教学考试工作管理办法》试卷检查索引要求就是相关管理规定,而教学督导委员会办公室提供的《中国传媒大学本科教学试卷检查评价表(教学督导专家使用)》就是检查明细表。

(2) 试卷检查工作中，应明确具体问题和隐患，避免谈问题"虚、浮、大"，这样方便被检查单位事后及时有效改进。

(3) 在专项工作报告中，指出问题的同时应该提出解决问题的方法建议，并且建议应该目标明确，属于教学管理部门的问题应明确要求教务处或者研究生院改进，属于二级教学单位的问题应明确要求二级单位改进，属于教师个人的问题则应明确要求教师个人改进。

(4) 专项工作报告应该公开披露，并呈报相关主管领导及相关部门。

【课堂教学专项巡视工作】

教学督导委员会办公室与教务处2017年在5月共同组织了课堂教学专项巡视工作。此次巡视工作共有50余位学校及学部（中心、学院）教学督导专家参与，历时近一个月。巡视工作情况如下。

1. 学生上课迟到现象突出

参加教学巡视的专家重点统计了上午8：00—8：10以及下午13：30—13：45两个时间段进入教学楼的学生数，统计所得数字惊人，尽管不排除有在这两个时间段进入教学楼自习或办理其他事情的学生。

日期	8：00—8：10进入1号教学楼的学生数	8：00—8：10进入48号教学楼的学生数	13：30—13：45进入1号教学楼的学生数	13：30—13：45进入48号教学楼的学生数
2017年5月8日	153	—	122	—
2017年5月9日	115	340	142	220
2017年5月10日	58	—	13	165
2017年5月11日	56	158	78	181
2017年5月12日	123	285	76	200
2017年5月15日	124	272	97	237

续表

日期	8:00—8:10进入1号教学楼的学生数	8:00—8:10进入48号教学楼的学生数	13:30—13:45进入1号教学楼的学生数	13:30—13:45进入48号教学楼的学生数
2017年5月16日	131	—	153	—
2017年5月17日	93	138	18	5
2017年5月18日	102	75	77	67
2017年5月19日	117	202	106	124
2017年5月22日	124	219	155	198
2017年5月23日	114	181	70	170
2017年5月25日	249	150	93	105
2017年5月26日	198	140	95	40

经过统计我们可以看到，学生上课迟到现象突出。

2. 提前下课情况时有发生

参加教学巡视的专家重点统计了上午11:00—12:00以及下午16:00—16:50两个时间段中提前下课的情况。提前下课的情况较为常见的是提前10~20分钟下课，经督导专家与教师及学生了解情况，教师课间不下课连上课程，因此提前下课，教学督导专家对此类现象及时对教师进行了批评教育。但也有部分课程提前下课时间较长，以至于督导专家巡视时教室已经空无一人。

提前10分钟以内下课的门数	11门
提前10~20分钟下课的门数	28门
提前20~30分钟以内下课的门数	9门
提前30分钟以上下课的门数	1门

3. 其他教学状况

（1）上课期间，学生看手机、睡觉、吃东西的情况仍较为普遍。

（2）上课期间，部分学生空置前排座位、靠后排就坐，影响教学效果。

（3）417监控室大部分监控设备无法正常使用，不能起到监控教学状况的作用。

（4）部分教室投影设备仍然有问题，影响课堂教学。

（5）1号教学楼洗手间及走廊未及时通风，导致异味严重。

（6）个别教师在上课时抽烟。

（7）个别老师上课迟到。

4. 督导专家反馈情况

学校教学督导办公室分别于2017年5月11日和12日（即教学巡视工作开展的第一周）将部分督导专家发现的学生迟到等学风问题以及监控设备和教学环境卫生问题反馈给了学生处、教务处、研究生院以及后勤管理处等相关部门。对于个别学生空置前排座位、靠后排就坐情况较为严重的课程，也专门安排督导专家进行了重点听课。

总的看来，一些问题有所改善，但仍然存在较大改进空间。教学督导专家希望相关部门与教学培养单位继续合力加强学生教育、严肃上课考勤制度与纪律，建议学生处组织各教学培养单位辅导员、班主任、学生干部等通过开展学生座谈会、主题班会等形式深入学习、研究学风问题，力争杜绝、减少旷课、迟到、不好好上课等现象；建议教务处、研究生院与后勤管理处共同协调解决监控、投影等教学设备问题；建议后勤管理处加强教学楼清洁卫生工作，保持良好的教学环境；对于教师上课抽烟及上课迟到的问题，建议相关单位主管领导对其进行批评教育。

课堂教学专项巡视是学校教学督导工作的一项创新尝试，是将教学的"督教"和学风的"督学"紧密结合的重要改革之一。这项工作让学校首次定性又定量地掌握了日常教学运行秩序情况。开展这项工作有以下几条经验和注意事项：

（1）教学巡视专项工作的数据务求精确。数据说服力最强，有关学生迟到、教师早退的情况屡见不鲜，但是详实的数据远比泛泛的定性说明要有说服力得多；

（2）此项专项检查工作也应明确具体问题和不足，应直截了当地指明问题并落实到具体单位和个人，例如教师早退可以具体到是哪天哪个教室的哪位教师，方便被检查单位和个人及时有效改正；

（3）在专项工作报告中，指出问题的同时也应该提出解决问题的方法建议，教风和学风问题离不开人事部门和学生工作部门的共同参与，所以应及时和相关部门沟通，采取有效而让各方都易于接受的方法。

【本科毕业论文与设计专项检查工作】

教学督导委员会办公室、教务处与各本科教学单位在5月、6月共同组织了本科毕业论文与设计专项检查工作。此次专项工作覆盖全校各本科教学单位，历时近两个月。

1. 本科毕业论文与设计专项检查工作内容

本次专项检查工作主要是根据教学督导委员会办公室提供的《中国传媒大学本科毕业设计（论文）质量抽查情况反馈表（教学督导专家用）》重点检查2017届本科毕业生毕业论文（设计）组织管理、过程安排、教师指导、评阅答辩、论文规范等情况以及毕业论文（设计）质量及学术水平情况。

2. 部分本科教学单位毕业论文与设计抽查数据

理工学部本科毕业论文设计与抽查数据

专业	本学年毕业设计(论文)人数	抽查论文数	抽查结果				
			优秀	良好	中等	及格	不及格
数字媒体技术系	79	18	12	4	—	2	—
电子信息工程系	67	11	7	2	—	2	—
通信工程系	78	12	11	—	—	1	—
广播电视工程系	76	13	9	3	—	1	—
自动化系	24	7	5	1	—	1	—
网络工程系	30	4	1	3	—	—	—
理学院	42	10	6	2	2	—	—
计算机学院	56	10	1	8	1	—	—
合计	452	85	52	23	3	7	—

经管学部本科毕业论文设计与抽查数据

专业	本学年毕业设计(论文)人数	抽查论文数	抽查结果				
			优秀	良好	中等	及格	不及格
行政管理	20	3	—	3	—	—	—
工商管理	16	3	1	2	—	—	—
信息管理与信息系统	20	3	—	1	—	2	—
市场营销(品牌管理方向)	16	3	—	1	1	1	—
贸易经济(国际文化贸易方向)	23	3	—	3	—	—	—
会计学	26	3	—	3	—	—	—
文化产业管理(影视制片管理)	24	3	—	—	—	1	2

续表

专业	本学年毕业设计(论文)人数	抽查论文数	抽查结果				
			优秀	良好	中等	及格	不及格
文化产业管理(文化经纪)	20	3	—	3	—	—	—
经济学(传媒经济方向)	26	3	1	2	—	—	—
合计	191	27	2	18	1	4	2

文法学部本科毕业设计与抽查数据

专业	本学年毕业设计(论文)人数	抽查论文数	抽查结果				
			优秀	良好	中等	及格	不及格
汉语言文学	24	11	3	7	1	0	0
对外汉语	23	11	3	8	0	0	0
汉语言(应用语言学方向)	20	10	2	8	0	0	0
法学	34	16	3	11	2	0	0
合计	101	48					

播音主持艺术学院本科毕业设计与抽查数据

专业	本学年毕业设计(论文)人数	抽查论文数	抽查结果				
			优秀	良好	中等	及格	不及格
播音主持	150	100	14	107	23	9	0
合计	153	100	14	107	23	9	0

3. 本科毕业论文与设计专项检查工作中发现的主要问题与不足

（1）部分本科生论文格式不够规范，例如论文基本格式、参考文献、绪论、致谢以及字体字号、标点符号等部分。

（2）部分单位毕业论文与设计评分标准不够明确，高分论文与设计偏多。

（3）答辩记录填写不够认真、严谨，甚至出现答辩记录字迹难以辨认、记录涂改现象。部分答辩记录表缺少评阅人签字，或日期漏签、错签。

（4）部分教学单位高级职称教师对本科毕业论文与设计指导工作重视不够。

（5）部分教学单位本科毕业论文与设计档案保存环境有待改善。

4. 解决上述问题与不足的建议

（1）建议各单位组织开设《论文写作指导》相关课程，进一步规范论文写作格式、提高毕业论文整体规范性。

（2）建议各教学单位进一步明确各专业毕业论文与设计、答辩的评分标准，尽量量化各项评价指标。

（3）建议各教学单位认真选拔答辩秘书，规范各类答辩文档的记录方法。

（4）建议各教学单位强化论文与设计指导教师主体责任，要求指导教师对论文学术内容、学术水平与学术规范严格把关。

（5）建议各教学单位加强本科教学重要性与本科毕业论文（设计）指导工作的重要性宣传工作，将本科教学与毕业论文（设计）工作纳入工作考核范围，要求与鼓励高级职称教师参与本科毕业论文（设计）指导工作。

（6）建议各教学单位为毕业材料与档案保存设置专门的档案室由专人保管。

毕业论文与设计专项检查是高校教学督导工作的一项重要工作，日常的课堂听课与培养环节督导都是着眼于"过程"，而对毕业论文和设计进行检查则能从"结果"全面了解真实的教学与培养质量,学位论文抽查也是国家教育行政部门检查高校教学质量的一个重要手段。开展这项工作有以下几条经验和注意事项:

(1) 规范性检查是基础。即毕业环节程序正确,格式规范,体例达标,材料齐全是这项工作的基础,如果连这些要求都达不到就是不符合基本要求,必须改正。这是"规范性"层次的督导,也是毕业论文与设计专项督导工作的最基本工作要求。

(2) 学术水平评价是主体。对毕业论文与设计作品的学术水平评价才是此项专项检查工作的主体和重点,因为我们正是要通过这一培养的最终成果来回测过程的质量。而且教学督导专家大都具有较强的学术话语权,能对论文与作品的学术水平给予比较权威的学术认定。学术评价也能凸显高校教学督导专家的专业水准,能增强督导专家的职业荣誉感,激发督导工作积极性。

(3) 提出的问题与不足以及相关改进建议应该侧重于规范性层面,因为对于学术水平的评价一来容易引起争议,二来问题难以深入或者说难以直接促进改正,三来学术水平评价牵涉的方方面面比较多,问题或者建议难以落到实处。但是督导专家的学术评定结果应该整理成工作报告呈报给主管领导,让学校管理层从督导专家的角度掌握学校教学与人才培养的真实状况,这也是督导专家发挥决策咨询功能的重要方式。

(4) 毕业论文与设计专项检查工作容易忽视教学管理部门的缺点与不足,事实上规范性问题往往出在管理环节,因此需与教务处和研究生教学管理部门合作开展此项工作。

【本科期末考试专项督导工作】

教学督导委员会办公室与教务处从 2017 年 6 月 19 日开始至 30 日组织

了本学期本科期末考试专项督导工作，历时两周。校、部两级督导专家46人次参与，共巡视期末考试698场。巡视工作情况如下。

1. 本次本科期末考试总体情况

总的来讲，本次本科期末考试总体情况良好。需要提出表扬的是理工学部、文法学部的考试组织工作相对而言组织得比较好。共同特点是学部领导重视，监考工作组织比较细致，学部学院相关领导在有本部门考试的时候能够到场巡查监考。考试中出现的监考问题相对比较少。

值得表扬的还有《大学英语》考试组织很好，命题规范，该考试是学校考生人数最多的考试。考试期间，主管领导、教研室主任、命题教师等均到场，确保考试中发生任何问题都能得到及时解决。各教学单位和教务处巡考工作也组织得很好，主管领导和各单位督导专家巡考到位。整个考试井然有序。

2. 本次期末考试督导巡考工作发现的主要问题

（1）考试命题方面。2017年6月20日经管学部《博弈论》和《博弈论基础》两门考试的试卷题目相同，尽管考试时间相同，但是考试对象以及课程要求不同，这值得教学管理部门与经管学部重视；

除此之外，新闻传播学部《全球新闻传播实务》等几门考试命题存在题量不够、命题不够规范等相关问题（有一试卷在开考30分钟即陆续有学生交卷，45分钟时大量学生交卷——反映试卷题量及试题难度设计有问题）——我们建议教务处与人事处、教学督导办公室共同组织命题相关培训，请专家就命题规范、命题经验等进行传授与交流。青年教师或初登教学岗位的教学人员必须参加。

（2）监考方面。监考人员看手机、用电脑、看书、听音乐的情况仍然时有发生，特别是监考过程中看手机的情况比较普遍（所有学部都有监考人员在监考时看手机，这种情况对考生会产生不同程度的影响，应该引起

第三章　高校教学督导工作的内容与职责

有关部门的重视）——我们建议教务处要求监考人员与考生一样，在考试期间都要关闭手机，并出台相关监考人员违纪处理办法。

还有部分学院，例如国际传媒教育学院，监考工作不够规范，建议该学院向其他兄弟单位调研并认真学习监考工作的相关要求、改进考试相关工作。

（3）考生方面。2017年6月22日出现一名学生考试作弊的情况，这是近几年很少发生的事件，相关学院须加强学风、考风教育。

另外，此次期末缺考考生大部分是重修、重考的学生，教务处和相关学生所在单位也要加强相应宣传与教育工作。

（4）其他方面。本次考试期间发生了个别学生意外受伤的一些医疗事件，我们建议，期末考试中考生人数达到1000人以上规模时，学校医院也应参照国家大型考试要求在考务办公室设值班紧急医疗人员。

最后，417监控室监控设备问题较大，对大多数教室无法监控。此事经督导专家多次提出，未见改进，建议教务处与后勤、资产部门重视解决此问题。

考试专项督导巡视工作是学校教学督导工作的学期末或者重大国家考试期间的一项例行专项督导工作，目的是监督考务部门合格达标的组织好考试，同时检查教学培养单位考试组织及命题相关工作的规范性。开展这项工作有以下几个要点和注意事项：

（1）监督、检查考务管理与考试组织的管理工作是关键，考试期间的巡视与试卷抽查是主要工作手段，从上面的示例中可以看到督导巡考主要发现的问题基本都是考务管理工作与考试组织工作的问题，涉及考风、学风的甚少。

（2）试卷抽查主要是检查命题的规范性，例如格式、错别字、分值统计等；对于试卷的内容，一般不做过多评价，避免引起工作争议。

（3）考试环境与后勤保障也是督导专项巡考工作的一个方面，例如上面示例中所提到的医疗保障、环境卫生、监控设备等。

（4）考试结束后，应尽可能与教学单位及教务考务部门召开工作总结会，及时解决相关规范性问题，避免提出的问题反复出现。

三、专题调研工作

督导专题调研既可以研究宏观而长远的教学发展战略，也可以研究具体而务实的教学微观问题。下面将结合两个我们开展的真实教学督导调研报告来详细分析。

【关于本科生学业指导的专题调研】

（一）实施本科生学业指导的意义与价值

"以学生发展为中心"的本科教育质量观是当前中国高等教育界的主要潮流，强调从"学"的角度评价高等教育质量，以学生在大学四年的成长和发展的"增值"评价高校的教育质量和学生服务质量。尽管现实中仍然是科学研究和经费合谋下的功利主义价值观在大学行动中占据着主导位置，但大众高等教育的发展和普及高等教育在未来的实现，会推动甚至加剧高等教育系统的分化。可以预期的是分化过程中，高等学校之间的竞争很大一部分将会落到学生身上，大学在高等教育系统中的位置将在很大程度上决定于它所培养的学生在社会的位置。一句话，高校的人才培养质量将会成为其核心竞争力的重要来源。

大学生在相当多的人的眼中，还仅仅是作为被教育的对象，因此尽管当前高校在课程、教学、教师等方面下了很多功夫，但就是很少去研究学生和了解学生。即使偶尔关注学生，也难免认为是琐碎的、繁杂的事务，抑或是微观的研究领域，因而看不到大学生与学校人才培养的各项行动和制度安排之间的系统性和互动关系，从而忽略了从大学生的在校学习经验的视角进行行动规划和制度设计。高校提高人才培养质量，可以有很多的思路和办法，例如抓好教师及其教学质量、搞好课程建设，做好学习制度和资源的顶层设计。所有这些，都不可忽视。但所有这些层面的努力如果只是单向的而不是互动的和系统的，如果学生不知道学校的制度和资源的安排、不知道或者只是被动地参与到学校的教育教学活动甚至在学生有学习上的困惑和问题时不知道从哪里去寻求支持和帮助，那么，无论学校的制度设计、教师质量、教学质量和课程建设有多完美，它们的效果有多大则是不得而知。其实，很多学生直到大学快要毕业时才明白大学的学习是怎么回事，到大学毕业那一天回顾自己大学生活时会感叹如果重新来一遍大学生活，他们绝不会像他当初那样过大学生活。许多实践和研究都表明：高质量的学业指导对学生发展和学生成功起到关键作用。由此看来，探索如何开展学生学业指导，能够将学校的教育质量行动与学生的学习行动联结起来，实现"1+1>2"的效果，对学校的发展具有重要意义。

（二）美国和英国高校本科生学业指导的特点

1. 美国大学生学业指导的特点

美国大学生学业指导源于美国大学的选修制。自1870年哈佛校长埃利奥特（Charles W. Eliot）在哈佛推行选修制后，美国许多大学都相继实施这种学习制度。选修制的实施让学生有了选课和学习的自由，同时也让学生在课程选择时产生困惑、不知所措，导致学生所选课程没有中心和重点等问题。这些问题催生了对学生的课程选择进行指导的需求。到1930年代，美国的大多数大学都建立了学生学业指导的组织机构。20世纪80年代以来，美国的许多大学内部产生了如下新情况：大学教师更关注科研而不关注教学，美国大学生群体日益多样化，大学生退学率不断增加，以及由此引发的对美国本科教育质量的反思。这些都促使各个大学加大力度建立专业性的、综合性的大学生学业指导体系。美国关于大学生发展的理论研究在这个时期得到充实和丰富，促进了美国大学生学业指导实践的发展。由于美国高等教育系统的多样化特征，美国各高校的学生学业指导体系也是非常多样化的，在制度设计、指导的组织模式、队伍构成、指导内容等方面都各有差别。具体地说，美国高校学生学业指导实践具有如下特点。

（1）学业指导使命：从诊断性到发展性转变。诊疗性质的学业指导是一种单向的信息流动，学业指导教师与学生之间的关系类似于医患关系，指导教师负责为学生列出各种行为要求及注意事项，恰似医生给患者开出的"处方"；而学生必须严格遵守这些要求，并接受学业指导教师的监督。发展性质的学业指导是双向的、互动的，是以学生为中心的，根据大学的学术使命和人才培养使命，确定学生发展的目标和任务，以此为依据对大学生进行学业指导，促进大学生的全面发展。齐克瑞（Arthur W. Chickering）关于学生发展的七个向量的理论对美国大学学业指导实践产生了很大的影响。他认为，大学教育的目的是帮助个体形成一种坚固的自我意识和内在的掌控感与归属感。大学生发展包含发展能力、管理情绪、从独立自主到相依共存、发展成熟的人际关系、形成认同、培养目的感和塑造品格七个向量。

（2）学业指导的组织模式多样化。在美国，75%以上的高校都设立了专门的学业指导中心，聘请专业的学业指导人员或咨询顾问负责学业指导工作的开展。目前美国高校学业指导的组织模式主要有分散模式、集中模式和共享模式三个大类。这三大类可细分为如下七种：①教师模式（Faculty Only Model）；②分散模式（Satellite Model）；③独立模式（Self-Contained Model）；④补充模式（Supplementary Model）；⑤分工模式（Split

Model）；⑥双轨模式（Dual Model）；⑦整体模式（Total Intake Model）。教师模式和分散模式是由学院教师和学院内部的学业指导中心负责，学生的指导工作由各自所在的学院负责，属于分散型；由学校层面的学业指导中心统一负的独立模式属于集中型；由学生所在学院和学校学业指导中心共同负责的模型属于共享型，包括补充模式、分工模式、双轨模式和全员模式。这些模式是大学根据自身的规模、专业设置、学生构成等方面综合考虑形成的。

（3）学业指导队伍的多样化和专业化。在相当长的一段时间里，大学教师是美国高校学业指导的主要组成部分。但是美国各大学规模的扩大、大学教师教学和科研任务的加重，以及学生群体的多样化，使得以大学教师为主开展学业指导已经无法满足学生的多样化需求。因此，许多高校逐步加大对学术咨询与指导领域的专业人员的聘请力度。同时许多高校还吸收在校高年级学生担当大学生学业指导的任务。许多高校对学业指导人员的学历、咨询经验都有比较明确的要求。美国高校学业指导协会（NACADA）还规定了大学生学业指导人员的工作原则，包括：①主动为学生提供指导；②平等和价值中立；③尊重学生的自主选择权；④信任学生；⑤尊重学生的个人隐私。

（4）学业指导内容涵盖了学术和生活的各方面。学业指导最初是配合选修制的实施，指导学生进行课程选择。当下已经发展到包括学术与非学术、课内与课外、大学学习与终身学习乃至心理健康、职业生涯规划等在内的，全方位的学业指导内容体系。主要有：帮助学生掌握正确的学习方法、制定合理的学习计划和方案、了解校内外的各种资源、探索未来的职业方向、明确人生的目标和方向等。

2. 英国大学导师制的特点与经验

英国的许多大学都实施导师制。牛津大学是导师制的严格实践者。导师制与牛津大学的学院制紧密相连。牛津大学建校之初参照、模仿了巴黎大学的建制。以寄宿制为基础的学院制是巴黎大学最重要的学术建制。❶ 这与我们现在理解的以学科、专业为基础构建的学院制是不一样的。牛津大学的学院享有高度自治权，包括财政自主权。

  导师制是牛津大学在学院制基础上对大学学习制度的发展和创新，经历了自发状态到制度化模式的演变。牛津大学导师制在学院和系的层面实施，早期导师制要求导师对学生行为、道德与经济等多个方面进行管理和监护，后来发展为以教学和人才培养为中心对学生进行单独的和个性化的学习指导。教师根据学生的程度和特点与学生一起制订个性化教学计划，导师每周与学生见面一次，进行面对面的针对性辅导。在辅导课上导师首先会询问学生最近的课题进展如何并要求学生做单方面的简要陈述。接下来是论文宣读，学生大声朗读自己的论文同时还要阐明写作思路和主要观点，导师会在学生无法继续进行的时候开始介入，师生之间针对该问题和困惑立即进行详细的讨论，学生在导师的帮助下"求得"答案。最后一个环节就是导师给学生布置一篇论文题目和写论文需要阅读的书籍列表，学生需要在一周之内将它完成并做周全的准备。❷

  如今在大学偏重科研，走向大众化发展，学科和专业分化以及财务和经济压力等因素的影响下，牛津大学导师制呈现出多元化发展特点。

  (1) 导师职业角色的多元化。导师既是负责学生学习的学者和专家，也是学生日常生活、道德行为、心理健康等各个方面的指导者、建议者和监督者。

  (2) 导师不再局限于其所在学院内。在为学生安排导师时兼顾了可选择性和稳定性，如果学生所在学院没有相关专业的导师，学院就会在

---

❶ 涂尔干.教育思想的演进.李康,译.上海人民出版社,2006.
❷ 大卫·帕尔菲曼.高等教育何以为"高"——牛津导师制教学反思[M].冯青来,译.北京:北京大学出版社,2011.

其他学院为他安排导师教学。导师享有教学自主权，学生也享有一定的自主选择导师的权利。

（3）导师教学模式的多样化。导师教学课已经发生了从传统上的"一对一"模式到"一对多"的"小组教学"模式转变，同时结合讲座、实验、席明纳和班级等方式进行教学。

（4）导师课教学环节也呈现出多元化发展。导师课论文作为导师制的一个最基本的构成要素，对学生的论文要求不再完全是结构严谨规范的论文，也可以是学生的读书笔记，或者是学生对某个问题的片段性思考。论文须在课前提前提交。在课堂上，学生很少有机会完整地朗读自己的论文，而是向导师阐述自己论文的主要观点或就自己在学习中遇到的问题与导师进行讨论。导师对论文的评价时注重引发学生对新思想、新观念的讨论。在自然科学的导师课上，主要是以解决问题为核心，集中讨论那些最难解决的问题。❶

3. 简要的小结

美国大学的学生学业指导体系和英国大学的导师制在发端、变化方面的原因是各不相同的，在学业指导的制度设计、组织安排、运行体系等方面也都各有特点。这些差异根源于英美两国不同的大学教育价值观下各自对大学教育目的以及如何保障教育目的的实现等方面具有的不同理解。

牛津大学的导师制是为它的自由教育理念服务的。这意味着牛津并不将让学生获得某一特定专业或职业的知识作为自己的使命，而是将探索和传授普遍知识作为自己的真正使命，因此非常注重自由和理性的心智培育。美国的许多大学虽然继承了英国重视本科教育的传统，但并不对此亦步亦趋，而是在实用主义哲学指导下，强调大学与社会之间的紧密联系。选修制就是在这样的背景下产生的，它的突出特点是尊重学生的需求和选

---

❶ 杜智萍.19世纪以来牛津大学导师制的发展研究[D].保定:河北大学,2008.

择，以学生发展为中心。这也是源于选修制的美国大学学业指导体系的突出经验。美国的另外一个重要经验就是充分发挥大学生发展理论研究的力量。大学生发展理论中最重要的两个主题是"大学生发展能力素质结构"和"大学生发展的影响因素研究"。美国高校学生学业指导实践都较好地吸收了该领域的研究成果。

尽管如此，英国和美国的本科生学业指导体系在建设的途径和形式等方面都有许多相似之处，在自己比较明确的教育理念的指导下，根据大学自身的实际确立的人才培养目标，并将它们贯穿于学业指导整个体系之中，不断地根据实际的变化做出调整和反思，结合大学生发展理论研究的进展，推进大学生学业指导的实践。最重要的是，英美两国高校本科生学业指导体系与两国的大学的本科生教学或学习制度相生相随，或者说，学业指导本身是英美大学学习制度设计中重要组成部分，而不是事后加入的补充要素。

（三）对中国传媒大学实施本科生学业指导的建议

从英美两国高校本科生学业指导的发展历程和现状来看，本科生学业指导体系的建设涉及大学对自身教育理念和目标的确认、学习制度的顶层设计、学业指导的理念和目标、内容的确立以及资源和组织队伍的调配等方面。总结起来，需要追问五个关键问题：为什么指导？谁来指导？谁需要指导？指导什么？我们的建议也就是围绕这些问题而来的。

1. 审视人才培养的价值观，重塑学生发展的教育理念

理念很容易落到"喊口号"的尴尬境地，但缺少理念往往让人的行动没有方向。在大学里坚持学生发展的理念往往更容易流于表面和形式。因为实践中很难说清楚"大学是谁的"这个问题。大学中的每一个主体，对这个问题都有声称权。但是，"学生发展"的理念不是一种口号，也不是可有可无的装饰品，而是需要得到大学里各个主体的真正认同，并用一以

贯之的行动去践行它。大学如果没有学生，大学里其他主体的存在就比较成问题，大学也就不会再被赋予"大学"的名称。

因此，促进学生发展，是本科生学业指导应该坚持的最重要的理念。将这个理念落实的第一个行动，就是研究"学生发展"的内涵。或许有人会说，"这不是已经很清楚了吗？——"德智体"全面发展。"那么我们问：什么德？什么智？什么体？它们的行为表现是什么？我校学生在"德智体"方面的发展除了遵循通用的特征之外，有何独特之处？学校最近几年的规划中在人才培养方面的提法是"培养传媒领域的精英人才"，且不问在大众高等教育的今天，精英人才培养何以可能的问题，而是先要追问"传媒领域的精英人才"如何定义？精英是就学生的能力来说还是就其他方面来说的？如果是根据能力来说，那么需要培养什么能力？

坚持学生发展的理念，需要着重研究传媒大学要培养什么样的人，这些人应该具备哪些核心能力？对这些问题的切实研究，能够让本科生学业指导体系的建设有方向。

现在，越来越多的国家和国际组织尝试以通用（核心或关键）能力为切入点建构高校学生能力框架。从相关的实践进展来看，建构大学生能力模型在标准框架方面面临着对时间维度（面向当下——面向未来）和空间维度上（面向学校与面向市场；面向国际与面向国内）等多重因素的选择。在主体方面面临着是基于个体属性（情感、动机、价值、兴趣等）还是基于社会需要（职业资格、标准）的平衡，同时，它也体现了不同利益群体的诉求。

在这些不同方向上的不同取向后面体现了人文主义和现实主义的价值冲突。现实主义者强调教育要服务于学生未来的生活和职业。人文主义者主张知识本身即为目的，重视学生心智教育，培养学生形成一种以自由、公平、冷静、克制和智慧为特征的终身思维习惯。

总之，建设本科生学业指导体系，前提是需要审视自身的人才培养价值观。应将对"传媒领域精英人才"的素质和能力结构的反思,作为重塑学生发展理念的重要行动方案之一。

2. 再造组织制度,整合人力和物质资源

可以说,一个大学绝大多数的行政和教学机构的设置,都与学生的学习生活相关。实践经验表明,是不是有一个有效的、联动的、互通有无的组织机构和组织制度,是本科生学业指导工作能否顺利开展以实现促进学生发展的重要因素。学生的学业指导工作涉及学生在大学的全方位生活,因此,本科生学业指导必须有适当的组织机构和管理制度。

就我校的实际情况来说,与学生的学习生活关联性比较大的行政机构主要有:学院层面的学生管理部门、学生处、教务处、团委、就业指导中心、心理咨询中心、图书馆、后勤管理处等。与学生学习生活关联性比较大的教师群体主要有:辅导员、班主任、课程教师等。如何让承担不同管理任务的机构、承担不同教学任务的教师构成一个协调、联动、相互支持的学生学业指导的网络组织体系?

我们提出如下逐步推进的方式:

第一,围绕"传媒领域精英人才"的目标和素质结构要求为中心,在部门内部、部门之间以及辅导员、班主任和课程教师之间,就各自已经发挥、可能发挥的作用和承担的责任进行广泛地探讨、反思,形成共识,提出各自的行动方案之后,再进行深度汇谈。这或许是最费时费力的一步,但是是必需的一步。许多所谓的行动方案之所以到最后流产,是因为行动方案总是外在于个体的,而不是从个体内部生发出来的。

第二,遵循分散模式——集中模式——集中与分散相结合模式的建设路径。

分散模式是指在各个部门(行政和教学)层面上建立起自己的学业指导体系。每一个部门与学生相关的许多工作,都可以从管理转变为服务、转变为指导。

集中模式是指建立一个学校层面的学业指导中心。建立学校层面的指导中心，有两种方式：一是新建，二是将已有相关部门进行全面整合或局部整合。这个中心的职责：一是研究，包括对各个部门或层面的学业指导工作情况进行调查研究、对学校大学生学习经验的调查研究（其目的是诊断问题、调整指导方向和内容）、追踪学业指导研究的最新进展并探讨将研究中的理论或观点运用到学校实践中的可行性等；二是协调，协调校内学业指导的项目和资源，引进校外的人力和物力资源等；三是咨询，有条件的时候，也可以直接进行咨询。研究、协调和咨询相结合，尤其是重视以研究为基础，是学业指导能够取得有效结果的保障；三是分散与集中相结合，在前期分散模式和集中模式的建设经验基础上，进一步探索分散与集中相结合的模式中的协调、联动和相互支持等问题；四是对现有的辅导员、班主任和课程教师的工作制度进行梳理，规范流程。首先，逐步建立辅导员、班主任和课程教师之间的定期会面制度，建立课程教师与学生的定期见面制度。其次，加强对辅导员队伍的培训。最后，逐步建立专职和兼职指导教师制度、引入学生志愿者、校友等人力资源进入到学业指导队伍中来。

3. 分类指导、普遍提升，让学业指导惠及每一个学生

大学生并不是铁板一块的。对大学生的分类，最常见的是根据学生入学年限为标准。理论上的假设是，不同大学阶段的学生面临的实际问题的不同。大学一年级是学生发展中的关键期。个体对新环境的认知模式与他同周围环境、任务和人物的第一次接触中形成的经验有相当大的关联。确实，大多数学生对学校的印象、对教师和课程学习的判断、对自身学习目标的确立和学习行为的调整，在他们第一年的学习过程中就已经形成了。这种心智模式一旦形成，将很难改变学生今后三年的思维方式和学习行为。因此，大一新生的适应性指导尤显重要。学生刚入学时，学校应精心

设计专题讲座，邀请校内外知名专家教授和业界领军人物传授他们的人生经历、治学理念、治学方法以及成功之道。同时邀请高年级优秀学生传授他们的大学生活经验，营造高年级学生和新生之间的互动氛围。从而使学生了解大学的文化和精神、认清大学学习的特点、尽早规划自己的大学四年生活，以尽快适应大学学习和生活。大学四年级，是学生发展的又一关键期。但现实的情况是，进入大学四年级之后，学生在校园里的时间变少了，学校对他们的影响逐步减小了。如何让学生充分利用好大学最后一年的时间？这是学业指导中至关重要的一环，尾因效应会直接影响学生对学校的情感。毕业论文、实习和就业指导，应是这个阶段的重点。对于大二、大三的学生的指导，则需要结合学校的学习制度的设计和他们所面临的问题，进行针对性的、区别化的设计。

除了这样的分类外，学生在现实中生活于不同的学院、学科和专业之中，各自所面临的学习生活问题，又会存在一定程度的差异。另外，学生在大学生学习经验中，也会形成自己的偏好和行为习惯，同样会面临不同的问题情境。例如，我们在前期实证研究中发现，大学生主要有五种类型：全面发展型、普通型、不努力型、社交型和学习型。全面发展型的学生在校期间的学习参与是比较全面的。普通型学生在校的学习参与表现得比较平常。不努力型的学生则是属于在学习参与的各个活动中表现都很不好的，游离于大学学习生活之外。社交型的学生乐于参与人际交往和社团活动。学习型的学生则专注于学习，对人际交往和其他方面的参与和投入都不多。这些又都表明，常见的以年龄或阶段的分类指导，还是过于笼统。而应根据对学生的充分了解，加强过程性干预和指导。

4. 以项目为依托，以问题为导向，拓宽学业指导的范围和内容

学业指导的内容确定一般有两种方式。一是学校根据自己的教育目的以及学习制度的设计和安排等，旨在引导学生实现特定方向的发展，而进

行自上而下的内容设计和安排。二是在不断地追踪学生在校学习经验中呈现的需求和问题，进行自下而上的内容设计和安排。实践中往往表现为自上而下的内容设计和安排的吸引力、学生的参与度方面会存在一定的问题。自下而上的内容设计则往往在前期的时间、精力投入成本比较高。最好的办法是两者相互结合。无论哪种方式，都需要强调学生和学校的双向互动，深度沟通，达成一定程度的共识基础，再推进到行动当中，并不断根据行动效果积极调整。这样能够在一定程度上保证意图和行动之间的匹配性，以达到预期的效果。

这实际上要求在内容确定时将项目依托和问题导向的学业指导结合起来。项目为依托的学业指导属于常规性的，问题导向的学业指导属于变动性、非常规性的。两者相互支持，不可或缺。从指导内容的性质方面看，项目依托和问题导向的学业指导大致会涉及学术指导、服务和非学术指导及服务两方面。

项目依托的学业指导的行动路径：第一，根据学校教师科研项目的需要，鼓励教师在全校范围内招募本科生作为科研助手，在教师指导下进行研究方面的相关辅导。第二，设立本科生科研的专项基金，由学生自己提出研究项目、组建研究团队、开展学术研究。第三，梳理当前学校本科生社团及其活动在组织、内容、方式等方面的经验和问题，对本科生社团活动进行进一步的规范、拓展，加大教师在学生社团活动中的指导作用，建立教师与学生社团活动之间稳定的互动机制。第四，设立本科生实践机会项目。梳理校内外可供利用的资源。校内资源如学校电视台、广播台、校报等，校外资源主要是与我校有合作共建的单位和机构。整合当前本科生实践的制度流程，建立公正、公开、透明的筛选机制。对学生实践的时间、要求、预期达到的目的提出明确的规范和要求，以保证有更多的学生能够有机会参与和利用校内外的实践机会和资源。建议从本科生二年级开始，鼓励学生在假期和业余时间参与实践机会项目。

　　问题导向的学业指导则需要长期的经验调查资料的追踪、积累和研究，以及时发现一些具有普遍意义的问题并找到破解之道。问题导向的学业指导既可以是具有特殊性和差异化的团体咨询与辅导，也可以是具有隐私性的个体咨询与指导。本人在前期关于大学生学习经验的实证研究中，发现当前许多大学生存在的许多问题中最重要的是"迷失""焦虑""困惑"和"空心化"。他们有许多精力和能量，但是不知道他们"在哪里"和"去哪里"，不知道"做什么才算是好"。之所以如此，原因是多方面的，但我以为最关键的原因是"外强内弱"：学生个体在强大的外部环境中，被现实空间的各种指令、威逼利诱塞满，同时也被虚拟空间中浩瀚的信息与知识杂处的情景所迷惑，从而失去了自我认同和自主性，学生心灵内在的意义感也就因此走散了、迷失了，焦虑、迷茫、困惑也就随之而来。

　　因此，如何围绕培养学生的自我认同、自我领导能力，开展学业指导和服务，这是需要首先考虑的最关键的问题。以往的教育任务重在"社会化"，让学生学到符合社会需要的态度、行为和必要的技能，这尽管也很重要，但当它走上形式化的道路上时，教育的"工具化"意识也就凸显了。这样的教育最终会压抑、浇灭学生的自由意志和创新精神，这样的恶果最终不得不让我们现在和将来的整个社会来承受。这不是一个有良知的人愿意看到的结果。在21世纪的全球社会中，教育的核心目的和任务应该转变到对学生"坚固的自我意识"的培养上来，养成学生个体内在的掌控感和归属感，铸就学生自我领导、自我管理的能力。作为教育者则需要有能力全面地看待学生并相信他们自身的核心价值。

　　在以自我管理、自我领导的培养和塑造为根基的学业指导当中，那些关注学习方法、学习技能、大学时间管理、课程选择指导等与学术相关的学业指导内容才能获得它们在学生那里的真实意义。

四、结语

本科生学业指导体系的建设，是本科人才培养中最关键的一个环节，是提升本科人才培养质量的最重要途径之一，是一项为学生谋福利的实实在在的行动。但如果走到形式主义道路上，只将其之看作一种"表演"，以一种"功利"的心态去做，那么它的结局就是一种"摆设"。简而言之，只是想说，如果决定要做这项事业，就要摆脱形式主义，让这项事业真正惠及学生、教师和社会，这样才能让学校发展更为可持续。摆脱形式主义需要做到以下几点。

一是全员参与。这里的"全员"是指与建设本科生学业指导体系有关的部门和人员（包括教师和学生）。在决定着手这项工作之初，这些相关人员就应保证全身心投入。

二是深度汇谈，达成共识。建设本科生学业指导体系的目标、措施、方案、可能遇到的问题和障碍，都需要进行深入地沟通和交流。深入的沟通和交流中特别要注意的是破除习惯性防御机制，真实地摊开自己对相关问题的内在想法，抛开狭隘的局部利益，从大局出发。这是一个费时费力的过程，却是凝聚共识的关键环节。很多设想、规划或方案的流产，都是在这一环节中没有达成真心的、广泛的共识，很多时候流于形式主义的汇谈和沟通，达成的只是假的、局部的共识。美国越战纪念碑的修建方案经历长达两年颇有争议的、激烈的辩论才得以通过，或许大家会以为这样的方式太浪费。但实际上这样的方式得到的结果是最令人服气、最具有稳定性的。

三是实现从个体学习到组织学习的转变。建设本科生学业指导体系，既是一项工作，更是一个学习的机会。但不是某个所谓起主导作用的个人独自学习，而是全员参与的组织学习。深度汇谈是组织学习的一种形式。除此之外，需要破除局限思考，不应只从自己的立场和位置来看问题，以片段的方式看外在世界，而是应从整体出发系统地分析问题，寻找问题的根本解决方法。同时，出了问题，不要一味地归罪于外在世界，而应看到自己的行动的影响。

在现今这样一个时代，一项有功业、功德的事件，需要英雄主义的、超越个人利益的献身情怀。我们的组织也不应该忘记具有如此情怀的人们。最后要强调的是，要给予那些参与、投身到本科学业指导体系建设过程中的人们物质和资源上的支持，精神上的鼓舞，智力上的帮助，行为上的尊重。

以上督导专题调研可以说是学校三年来最为出色的督导调研成果之一，具有理论深度和实践动力。教学督导工作的最高层次就是对学校教育教学的创新推动，正是这样扎实而饱含责任的专题研究，让我们有希望推动学校教育教学的升级和进步。

这项督导专题调研成果关注的就是相对宏观的教育教学问题，可以看到这项成果并不是着眼于解决一个具体的教学相关问题，而是放眼长远，格局宏大，希望通过借鉴国外一流大学的经验和学校实际情况推进一个跨部门的合作，从而实现一个终极目标——在学校建立一个类似世界一流大学的本科生学业指导制度，最终实现人才培养质量提高的目标。通过这项研究，学校教学督导工作实现了从"监督"功能到"咨询"功能的跨越，即高校教学督导委员会不单纯是一个质量监控部门，更是一个教育发展智库，能提供决策咨询。

下面这个示例则主要关注一个微观具体教学问题，组织专题调研是为了研究这个问题的根源进而寻求终极解决办法。

【硕士课程调停课分析报告（2013—2014学年第二学期及2014—2015学年第一学期）】

调停课是指任课老师不能按照学校教务处、研究生院下达的教学进程

第三章　高校教学督导工作的内容与职责

计划和课程安排组织教学活动时，对所承担教学任务的进度进行临时调整或临时停课，它包括教学计划中授课时间、地点的调整或暂停，以及授课教师的调整或暂停。从理论上讲，稳定的教学秩序，是学校教学质量水平的重要体现。教学进程计划和课程表是学校稳定教学秩序的主要依据，是学校教学工作有计划、有秩序进行的重要保证。课表一经排定，教师必须按教学进程计划和课程表安排组织教学。然而，当前高校普遍存在师资紧张和教师角色日益多元等现实制约，导致调停课情况又不可避免，甚至频繁发生，不但干扰了正常的教学秩序，也直接影响课程教学效果和人才培养质量，因此，为严肃教学纪律，强化教学运行的过程管理，维持正常教学秩序，提高教学质量，有必要深入思考和分析调停课现象。

本文拟在对中国传媒大学 2013—2014 学年、2014—2015 学年硕士课程调停课表进行数据统计分析的基础上，对各学部（学院）及部分任课老师教学态度进行数据量化，从而在课程设置方面提出科学化的意见和建议，为从制度设计角度降低调停课影响提供数据基础，最大限度地保障教学质量。

（一）调停课情况统计

1. 调停课节数统计

经统计，2013—2014 学年第二学期及 2014—2015 学年第一学期，共调停课 1175 节（注：有 71 次课节数不详，原表未标注，暂假设为 2 节）。

按学部分类，2013—2014 学年第二学期及 2014—2015 学年第一学期调停课节数排名第一的学部是文法学部，共计 422 节，占总调停课节数的 36%；排名第二的是新闻传播学部，共计 231 节，占总调停课节数的 20%；排名第三的是艺术学部，共计 158 节，占总调停课节数的 13%（详见表 3-1）。

其中，2013—2014 学年第二学期调停课节数最多的是文法学部，共计 182 节，占第二学期调停课总节数的 33%；其次为新闻传播学部，共计 137

节，占第二学期调停课总次数的25%。2014—2015学年第一学期调停课次数最多的是文法学部，共计240节，占第一学期调停课总次数的38%；其次是新闻传播学部，共计94节，占第二学期调停课总次数的15%（详见表3-1、图3-1、图3-2）。

需要说明的是，担负课程数量多的学院，其调课的概率也可能较大，但是，课程数量的多少不应当成为调课的正当化的理由，因为对于单个老师来讲，调停课都是对教学计划的偏离。

与上学年相比，文法学部2014—2015学年第一学期调停课节数，在上学年最高调停课节数的基础上又有所增加，达到240节；艺术学部、外国语学院、播音主持艺术学院调停课节数上涨明显；除此之外，广告学院、文化发展研究院等调停课节数都有一定程度增加；新闻传播学部、理工学部调停课节数有所减少，协同创新中心调停课节数有所控制（详见图3-3）。

表3-1 调停课节数统计表

学部	2013—2014学年第二学期调停课节数	2014—2015学年第一学期调停课节数	总计
文法学部	182	240	422
新闻传播学部	137	94	231
艺术学部	68	90	158
广告学院	60	62	122
理工学部	42	20	62
协同创新中心	24	24	48
外国语研究院	10	38	48
经济与管理学院	22	24	46
播音与主持学院	0	28	28
文化发展研究院	0	2	2
不详	0	8	8

第三章 高校教学督导工作的内容与职责

续表

学部	2013—2014 学年第二学期调停课节数	2014—2015 学年第一学期调停课节数	总计
总计	545	630	1175

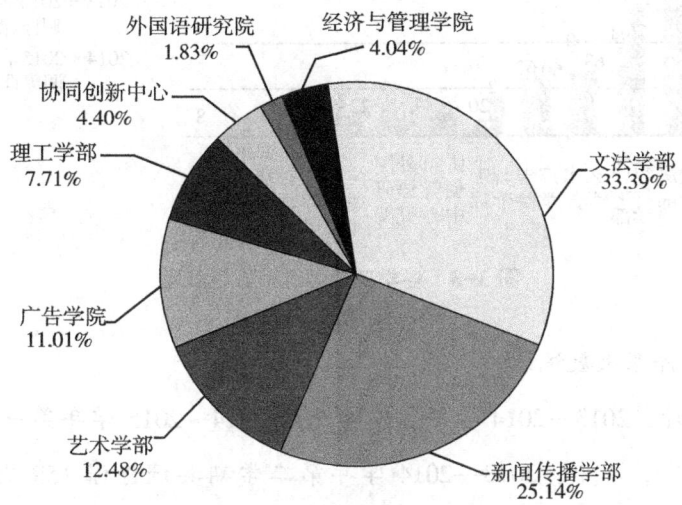

（注：播音与主持学院、文化发展研究院和情况不详的学院停课节数所占比例均为0%）

图3-1　2013—2014学年第二学期调停课节数所占比例

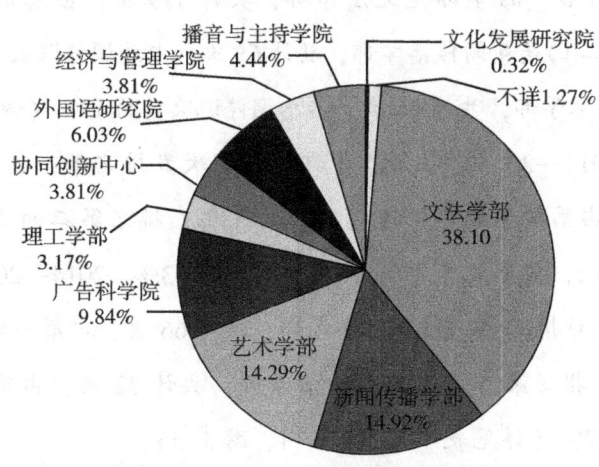

图3-2　2014—2015学年第一学期调停课节数所占比例

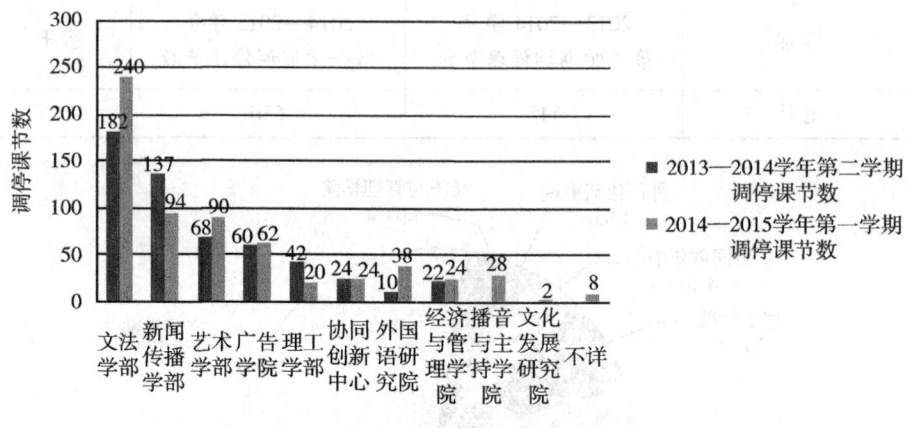

图 3-3　各学部调停课节数柱状图

2. 调停课次数统计

经统计，2013—2014 学年第二学期及 2014—2015 学年第一学期共调停课 348 次。其中，2013—2014 学年第二学期共调停课 159 次，2014—2015 学年第一学期共调停课 189 次。

按学部分类，2013—2014 学年第二学期及 2014—2015 学年第一学期调停课次数排名第一的学部是文法学部，共计 119 次，占总调停课次数的 34%；排名第二的是新闻传播学部，共计 68 次，占总调停课次数的 20%；排名第三的是艺术学部，共计 46 次，占总调停课次数的 13%（详见表 3-2）。

其中，2013—2014 学年第二学期调停课次数排名第一的是文法学部，共计 53 次，占第二学期调停课总次数的 33%；排名第二的是新闻传播学部，共计 26 次，占第二学期调停课总次数的 23%。2014—2015 学年第一学期调停课次数排名第一的是文法学部，共计 66 次，占第一学期调停课总次数的 35%；排名第二的是新闻传播学部，共计 32 次，占第二学期调停课总次数的 17%（详见表 3-2、图 3-4、图 3-5）。

第三章 高校教学督导工作的内容与职责

表 3-2 调停课次数统计表

学部	2013—2014 学年第二学期调停课次数	2014—2015 学年第一学期调停课次数	总计
文法学部	53	66	119
新闻传播学部	36	32	68
艺术学部	18	28	46
广告学院	17	16	33
理工学部	16	10	26
协同创新中心	9	10	19
外国语研究院	3	12	15
经济与管理学院	7	7	14
播音与主持学院	0	7	7
文化发展研究院	0	1	1
总计	159	189	348

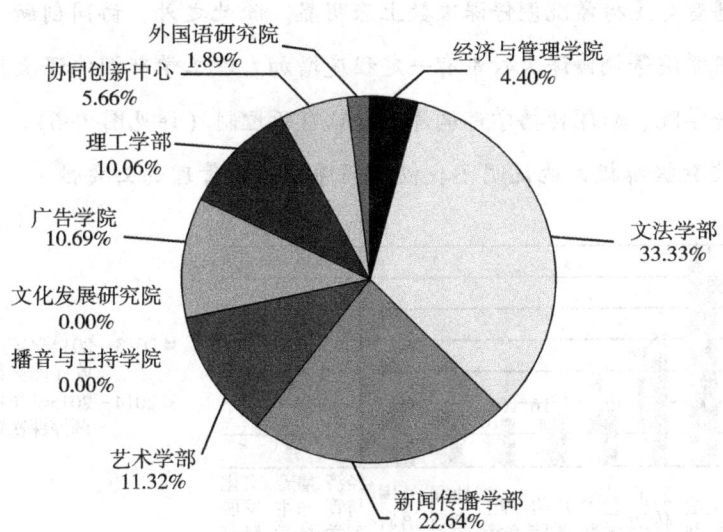

图 3-4 2013—2014 学年第二学期调停课次数所占比例

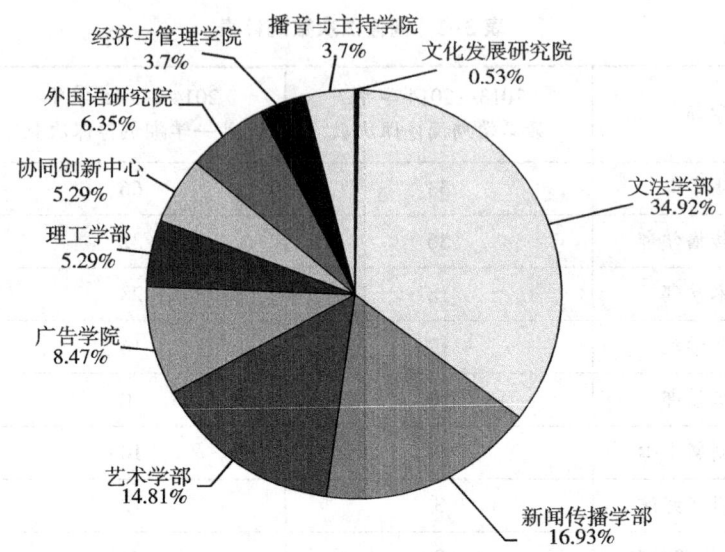

图 3-5　2014—2015 学年第一学期调停课次数所占比例

与上学年相比，文法学部 2014—2015 学年第一学期调停课次数，在上学年最高调停课次数的基础上又有所增加，达到 66 次；艺术学部、外国语研究院、播音与主持学院调停课次数上涨明显。除此之外，协同创新中心、文化发展研究院等调停课次数都有一定程度增加。理工学部调停课次数有所减少，广告学院、新闻传播学部调停课次数有所控制（详见图 3-6）。

这些数据都极大地说明了我校对调停课加强管理的必要性。

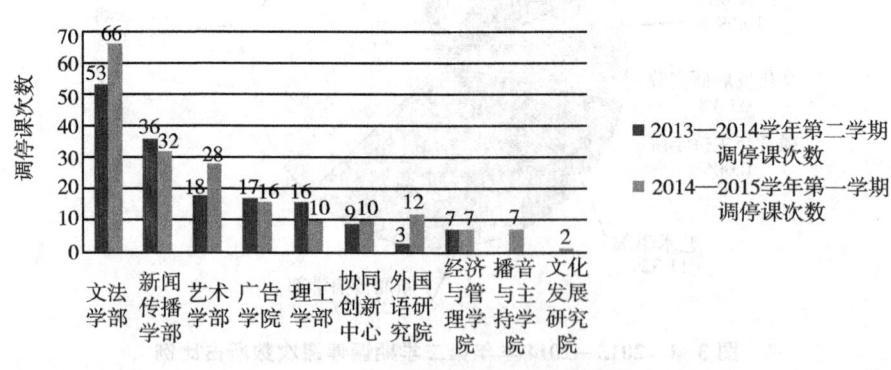

图 3-6　各学部调停课次数柱状图

3. 各学期每周调停课情况统计

经统计，2013—2014 学年第二学期前三周调停课次数较多，第 10 周调停课次数最少，其余几周较稳定（详见表 3-5、图 3-7）。2014—2015 学年第一学期第二周调停课次数较多，第三周较少，其他周相对稳定（详见表 3-6、图 3-8）。

表 3-5　2013—2014 学年第二学期每周调停课情况统计表

周数	次数
第 1 周	14
第 2 周	15
第 3 周	16
第 4 周	8
第 5 周	8
第 6 周	12
第 7 周	10
第 8 周	14
第 9 周	13
第 10 周	5
第 11 周	14
第 12 周	13
第 13 周	10
第 14 周	7

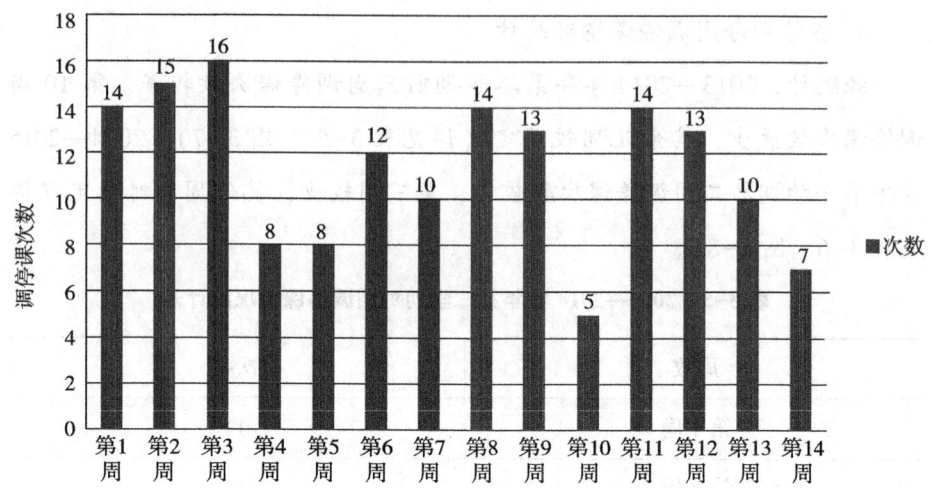

图 3-7　2013—2014 学年第二学期每周调停课情况统计柱状图

表 3-6　2014—2015 学年第一学期每周调停课情况统计表

周数	次数
第1周	12
第2周	27
第3周	3
第4周	15
第5周	14
第6周	10
第7周	14
第8周	13
第9周	12
第10周	20
第11周	11
第12周	9
第13周	16
第14周	10
第15周	6

第三章 高校教学督导工作的内容与职责

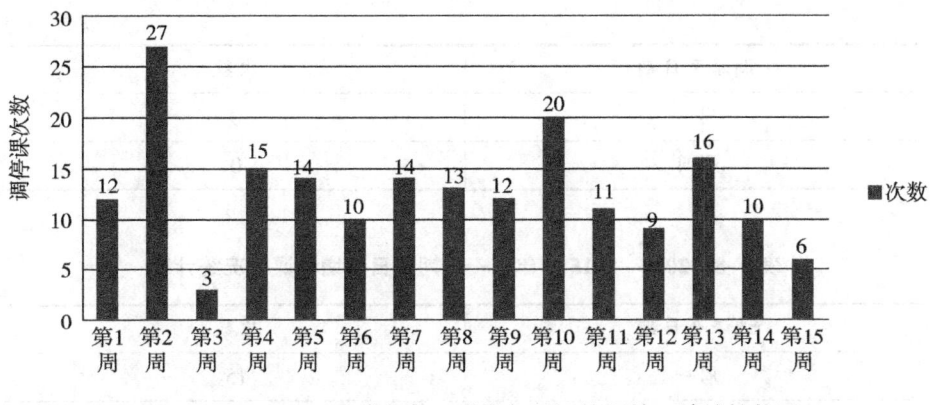

图 3-8 2014—2015 学年第一学期每周调停课情况统计柱状图

4. 各学期每日新增调课情况统计

经统计，2013—2014 学年第二学期每日调课安排次数中，选择周二的次数最多，高达 49 次，其次是周三、周四，分别为 42 次、34 次；选择周五、周一的次数较少，分别为 21 次和 13 次。没有将调课安排在周六、周日（详见表 3-7）。

2014—2015 学年第一学期每日新增调课次数中，选择周二的次数最多，高达 56 次，其次是周三、周四，分别为 44 次、36 次；选择周五、周一的次数较少，分别为 31 次和 15 次。将调课安排在周六、周日的次数最少，分别为 7 次和 2 次（详见表 3-8）。

表 3-7 2013—2014 学年第二学期每日新增调课情况统计表

调课至日期	次数
周一	13
周二	49
周三	42
周四	34
周五	21

续表

调课至日期	次数
周六	0
周日	0

表 3-8 2014—2015 学年第一学期每日新增调课情况统计表

调课至日期	次数
周一	15
周二	56
周三	44
周四	36
周五	31
周六	7
周日	2

两学年相比较，不论是 2013—2014 学年第二学期，抑或是 2014—2015 学年第一学期，将课程调至周二的次数最多，其次是周三、周四，再次是周五、周一，选择将课程安排在周六、周日的次数最少（详见图 3-9）。

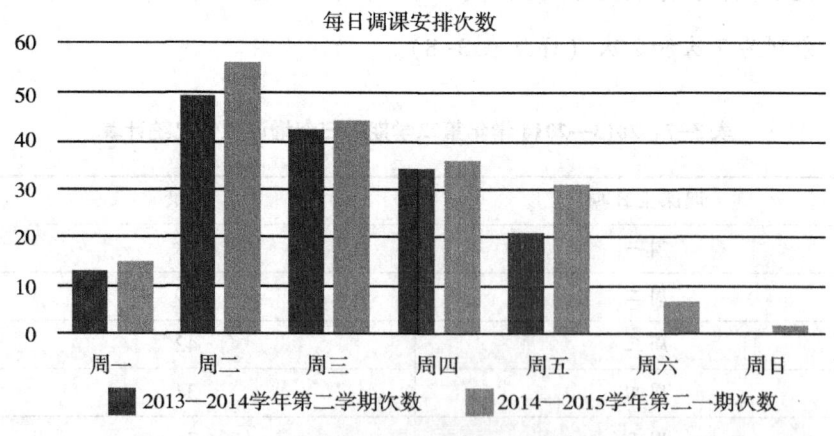

图 3-9 每日调课安排次数统计柱状图

第三章 高校教学督导工作的内容与职责

（二）调停课情况数据分析

1. 学部调停课情况数据分析

（1）文法学部在2013—2014学年第二学期及2014—2015学年第一学期调停课节数最多，对学生稳定上课造成的影响比较大。新闻传播学部、艺术学部两个学期调停课节数分别居第二名、第三名，也对学生稳定上课造成一定影响。

（2）文法学部在2013—2014学年第二学期及2014—2015学年第一学期调停课次数最多，说明文法学部在教学管理上重视不够。新闻传播学部、艺术学部两个学期调停课次数分别居第二、第三名，说明新闻传播学部、艺术学部在教学管理上也有待提高。

（3）文法学部2014—2015学年第一学期，在上学期高调停课节数、高调停课次数的基础上持续增加，调停课现象已变得十分频繁，影响了教学秩序的稳定。艺术学部、外国语学院、播音主持艺术学院调停课次数也明显增多，教学管理应加强。理工学部调停课次数有所减少，教学管理得到改善。

2. 课表安排情况数据分析

（1）在课表安排上，由于学期刚开学，前两周不稳定因素较多，需要处理的事情较多，调停课次数较多。因此，对于一些短期课程，比如只需10周或者少于10周即可完成的教学课程，建议安排在第四周开课，以提高授课稳定性，减少调课率。

（2）在调课安排上，任课老师大多选择将课程调到周二、周三、周四，对周五、周一的选择较少，几乎不选择周六、周日。因此，基于教师排课意愿的一般规律，在课程的科学化安排上，尽量将课程安排在周二、周三、周四，较少安排在周五、周一。对于安排在周末的课程，应在前期加强督导,在课程开始和进展中,保持与任课老师的沟通,加强其避免调停课的主观意识。此外还应注意减少将一些担任行政职务的教师和有较大社会影响力的教授的课程安排在周末,以此来主动优化课表安排,提高教学质量。

规范的日常教学运行是提高高校教学质量的重要基础,而加强调、停课管理又是规范日常教学运行的重要环节。因此,加强调、停课管理必将成为高校教学质量管理的重要内容。希望通过本次数据分析报告,一方面提高任课教师的重视程度,端正教学态度,以教学为重,认真负责地完成教学任务;另一方面加强学校的政策与制度保障,严格调停课管理,确保教师安于教学、乐于教学,确保学生科学上课、规律上课。

上面的这项督导专题调研就是针对当时学生反映较大的一个调停课问题而做的一个专题调研。调研主题相当明确,数据搜集也客观、翔实,后期的数据分析处理工作也很有说服力,研究建议也击中要害——教学管理部门加强课程管理制度建设和日常教学管理、任课教师个人提高自我约束力与自律性、对数据分析集中的调课时段在排课初期就介入管理等。这项专题调研不仅有相对宏观的指导性建议,还有操作性很强的细节,对部分单位教学管理的疏漏也用详实的数据进行了点名,相当有说服力和震慑力。

督导专题调研既关注长远而宏大的发展战略问题,也关心和研究困扰当下的局部微观问题,既有影响决策的"仰望星空",又有改变现状的"脚踏实地",这样就能充分调动专家们的督导工作积极性,也能推进督导工作朝更加丰富深入的层面发展进步。

第二节 学风建设督导

一、学风建设督导："督学"工作的纳入

教学督导,顾名思义,不光要"督教",也应该"督学"。

近些年来,无论是国内,还是国外,教学督导工作都与教师教学发展工作紧密结合起来,尤其重视教师教学水平的提高与教师个人职业发展。我们的督导工作中对教师的评价比较重视,评价体系相对完善,考核指标也具体细致,甚至可以说,目前的教学督导工作是以教师教学评价为中心的。

然而,教学活动是一个复杂的系统活动,很显然不应该只有"教"这一端,还应关注"学"这一端。当我们以信息传播理论中的拉斯韦尔5W模式的角度来观察教学活动时,我们会发现,"学"是至关重要的一个因素,而且,所有教学活动的效果最终都体现在学生身上。这也就为我们开展"督学"工作提供了理论基础。

那么接下来我们就需要思考"督学"督什么、谁来督、怎么督的问题。

"督学"督什么。学生的学习活动既有学生个人主观能动性的方面,也有外界客观因素影响的方面。作为督导工作中一部分的"督学"工作,主要是创造有利条件强化学风建设、改善学习环境。具体来说,在课堂教学环节强化出勤考核和课堂纪律,在学业评价环节强调学业成绩的多指标综合衡量,在学习环境与学习条件方面,协调各部门为学生学习提供后勤保障等。一个学校的"学风"既体现一个纵向维度的历史积淀,又展现一

个横向维度的当代特点。一所"严谨、扎实、积极向学"的大学和一所"浮躁、功利、一心功名"的大学显然是两种截然不同的状态。督导工作虽然不能改变历史，也不能消除当代影响，但是通过在学校内部倡导学校教书育人责任与学生好好学习义务，也能多少消除负面影响，引领优良学风的形成。

"谁来督"的问题。很显然，教学督导专家必然是重要的督学工作执行人，然而，更重要的是要把学校学生工作人员也纳入到督学工作队伍中来。制度设计层面，学校层级的教学督导组织除了应包含主管教学工作的校领导之外，还应该包括主管学生工作的党委副书记；二级督导组织则除了包含负责教学工作的领导与工作人员外，还应有分党委副书记、辅导员等学生工作负责人。学风建设是一个牵涉各方面的综合问题，也只有学生工作系统能够比较深入、全面地接触学生的学习、生活等诸多方面，因而，学风建设工作应该是督导专家参与，学生工作系统全程加入的系统性工作。

"怎么督"是一个方式方法的操作层面问题。最理想的督学与学风建设模式是结合学生思想政治工作、身心健康关怀工作等同步开展，宏观层面通过结合各类学生工作创造校内的一个良好学风大环境，微观层面则是根据学生个人特点，因人而异，激发学生积极向上的学习动力，引导学生进入良好的学习状态。

二、"督学"工作的微观与宏观层次

学生学业水平进步与人才培养质量提高是教学督导工作成果的主要体现形式之一。督学工作因而可以划分为微观与宏观两个层次。微观层面讲，学生学业水平进步包含具体课程成绩、论文质量总体水平提高等。而宏观方面，则主要是指人才培养质量，包括学生社会适应程度、全面素质发展程度乃至生活满意与幸福感知等，其实就是通过校园生活促进学生人生成功的层面。教育，一方面是让学生掌握知识、学习技能，更重要的是帮助学生直接或间接体验各种人生经历，最终获得自己满意的人生。因而，督学工作的微观层面就是前者"监督学习"的层面，而宏观层面则是后者"引导人生"的层面。督学工作这两大层面的功能发挥都离不开教学部门与学生工作部门的参与，更准确地讲，督导专家在督学工作上是处于相对辅助和支持的位置。

第三节　研究生教学督导工作的探索

　　高校教学督导工作常见于本科教学督导工作，研究生教学督导开展得相对较晚。研究生扩大招生是近十年出现的高等教育新现象，之前的研究生教育一直是小规模、精英化的培养，因而教学质量能保证在较高水平开展。近些年来，研究生、特别是硕士研究生扩招，尤其是专业学位研究生进入高校人才培养体系之后，研究生教学质量出现下滑的苗头，部分高校的研究生公共课甚至专业基础课都出现上百人的大课，随着人数增多，还出现了一个导师一年带十来个甚至几十个各类研究生的现象。这都导致了研究生培养水平的下降，因而社会上呼吁高校要提高门槛、提高人才培养质量，高校自身也积极响应，从内部开始抓起，起点就是研究生课程教学质量。

　　研究生教育与研究生人才培养个性化相对较强，课堂教学只是其中一个组成部分，研究生人才培养质量更多依赖导师对学生的指导工作，尤其是学业指导、论文指导等。这就让传统的以课堂听课为主要手段的教学督导工作发挥的监督、指导作用有限，同时也对传统教学督导工作方式提出了新的要求。研究生教学督导应该包括课堂教学督导，还应该包括研究生培养环节督导（导师指导、开题、中期考核、论文答辩）以及最终的研究生学位论文质量评价。研究生课堂教学督导也和本科课堂教学督导有所区别，如果说本科教学督导以规范性督导为主，那么研究生层次的课堂教学督导要求更高，对督导专家的教学水平、科研水平以及学术视野要求更高。研究生课堂教学对教师教学的形式与风格等要求稍低，但对课程内容质量要求高得多，必须体现出教学与科研的结合，在知识传递基础上必须再传授研究方法以及注重扩大与提升学生学术眼界。培养环节督导则是研究生教学督导工作的一个创新点，由于研究生培养相对个性化，相比本科生整齐划一的教学培养方式区别明显，因而培养环节呈现出水平参差不齐的情况，这也就要求督导专家因人、因时、因事而异。研究生学位论文质量评价是研究生教学督导工作的一个标志性环节，如果说其他工作环节都是过程性的、个性化的、难以统一规划与衡量的，那么到了研究生毕业论文质量环节，则都可以得到最终的评价。在一定程度上可以说，只要研究生论文质量高，就可以得出研究生教学培养过程过硬的结论。因此，教学督导专家开展研究生学位论文质量评价工作是研究生教学督导工作中的关键环节。

专业学位硕士研究生的教学督导工作和博士研究生的教学督导工作需要特别说明一下。专业学位硕士研究生是近年来蓬勃发展的高等教育新事物，其与传统学术型研究生的主要区别就是其职业型与实践性。因此，专业学位研究生的教学内容就包含了相当数量的实践课程与课外实践环节。这也就相应地要求教学督导工作由课堂延伸到课外，特别是实习实践环节。因此，专业学位硕士研究生培养的教学督导工作必须有行业精英与业界资深专家参与。博士研究生阶段课堂教学对博士生培养质量所占的比重相对降低，博士生的个性化培养特点也更加显著，教学督导专家在课堂教学与综合考试、开题答辩等培养环节的参与也主要是发挥规范性督导的作用，对博士研究生的督导工作主要集中在毕业论文质量环节，相关学科专业的教学督导专家全部或部分抽查博士毕业论文,与往年情况比较,从而得出能反映博士生教学与培养质量的一部分判断。

下面附一份学校研究生教育教学的督导调查问卷,介绍下研究生教育教学督导工作关注的几个方面。

【中国传媒大学研究生教育调查问卷】

填写说明:纸质版问卷请用勾选方式,电子版问卷请用标出颜色等方式。

S1:您目前的培养状态为:A. 非毕业生　B. 2015年度应届毕业生;

S2:学生类别:A. 硕士生　　　　　　B. 博士生;

1. 您对课堂教学的总体评价

序号	评价指标	全部课程如此	多数课程如此	大体各占一半	少数课程如此	无课程如此
(1)	热情、认真、负责、严谨、教书育人	A	B	C	D	E
(2)	讲课思路清晰,符合我的知识现状和接受能力	A	B	C	D	E
(3)	课程内容反映学科领域最新研究成果与动态	A	B	C	D	E
(4)	善于启发引导我的思考,师生互动	A	B	C	D	E
(5)	提供或推荐的教学资料有助于我的学习	A	B	C	D	E
(6)	作业等课程训练有利于相关知识的拓展	A	B	C	D	E
(7)	考核评价方式能激励我主动学习与钻研	A	B	C	D	E
(8)	注重我的创新意识和科学研究能力的培养	A	B	C	D	E
(9)	对我的课外学习给予指导建议	A	B	C	D	E
(10)	学习完导师的各课程后有收获	A	B	C	D	E

2. 对课堂教学的总体满意度

课程类型	对课程内容满意度				对授课老师满意度			
	优	良	中	差	优	良	中	差
(1)公共政治课	A	B	C	D	A	B	C	D
(2)公共外语课	A	B	C	D	A	B	C	D
(3)专业基础课	A	B	C	D	A	B	C	D
(4)研究方向课(硕士生)/前沿课(博士生)	A	B	C	D	A	B	C	D
(5)选修课(硕士生)/方法论课(博士生)	A	B	C	D	A	B	C	D

3. 您对课程设置及教师授课方式的意见建议（可多选）

序号	增加	维持现状	减少
课堂互动	A	B	C
课时量	A	B	C
内容的深度	A	B	C
内容的广度	A	B	C
方法类课程	A	B	C
理论类课程	A	B	C
实践类课程	A	B	C

如有其他关于课程设置和教师授课方式的意见，请写出：_____

_____

4. 科研与学术活动的意见

事项	次数	事项	次数	事项	次数	事项	次数
发表学术论文		参加学术会议		听学术讲座		参加科研项目(含负责)	

如有其他关于科研与学术活动的意见，请写出：_____

_____

第三章 高校教学督导工作的内容与职责

5. 您对导师对您指导情况_____（A. 满意；B. 不满意），您期望的导师与您沟通的频率是_____次/月（请填写数字），目前您导师每月与您沟通的频率是_____（A. 多于2次，B. 少于2次，C. 等于2次），多数情况下沟通的时长为_____分钟/次（请填写数字）。

6. 您和导师交流的最主要方式有_____；您最期望和导师交流的方式：_____。（可多选）

   A. 电话联系 B. 电子邮件联系 C. 正式导师课 D. 见面交流 E. 其他：_____（请写出）

7. 导师与您交流的主要内容是_____，您最重视导师在哪方面的指导_____？（可多选）

   A. 平时学业 B. 学术理论 C. 毕业论文/毕业设计 D. 科研项目实践 E. 实习与求职 F. 工作生活 G. 其他：_____（请写出）

8. 您对导师的评价（请勾选您认可的数值，或标出颜色）

序号	评价指标	非常同意	同意	不确定	不同意	非常不同意
A	导师督促我学习,使我按时完成培养计划	5	4	3	2	1
B	导师学术水平高,在学术研究上给我充分指导	5	4	3	2	1
C	导师项目充足,让我获得较好的科研训练	5	4	3	2	1
D	导师治学态度严谨,在学业方面对我要求严格	5	4	3	2	1
E	导师指导学生数量适中,关注每位学生	5	4	3	2	1
F	导师在我学习之外的工作生活中给予了有益帮助	5	4	3	2	1

9. 您如何看待研究生指导记录单的必要性和效果

序号	评价指标	有	不确定	无
1	必要性	A	B	C
2	效果	A	B	C

10. 您获得校内教学管理等相关信息的主要渠道有哪些：＿＿＿＿＿＿（请以这种形式填写：班内负责同学的短信、研究生院的网站、班内的微信群等）

11. 对研究生的教学服务与管理的评价：（请勾选您认可的数值，或标出颜色）

序号	评价	非常同意	比较同意	一般	比较不同意	非常不同意
(1)	我认为校研究生教学服务与管理的规章制度完善合理	5	4	3	2	1
(2)	我认为校研究生教学服务与管理信息发布及时	5	4	3	2	1
(3)	我对校研究生相关的学术活动的组织令人满意	5	4	3	2	1
(4)	研究生教学服务与管理工作到位	5	4	3	2	1
(5)	学校的研究生群体的学术氛围浓厚	5	4	3	2	1
(6)	学校的研究生群体的学术活动丰富	5	4	3	2	1
(7)	校内的图书和电子学术资源丰富,能够满足科研需求					

这份调查问卷涵盖了研究生教学、培养与管理服务各个环节，帮助督导专家从学生角度来观察和了解学校研究生教育教学工作的开展情况。首先是课堂教学与教师评价部分，评价指标比较符合研究生教学的特点，特别突出了科研与教学的结合，这与本科课堂教学评价是有所不同的。其次是调查问

卷的科研与学术活动评价部分，涉及导师指导、科研与学术活动参与等评价指标，我们认为当前研究生教育教学与人才培养质量有所下降主要是因为导师指导不足，科研与学术活动参与力度不够，因此评价项相对客观，主要是一些客观事实与数量的记录，如果导师一个月都不与学生沟通一次、学生一年也不参与学术活动几次，我们认为这样的培养过程就是不合格的。最后部分是对研究生教学管理服务的评价，主要是评价教学与学术信息服务的有效性和及时性以及学术资源和后勤保障的软硬件条件等方面。这几个方面的调查涉及研究生教学督导工作的"督教""督学"与"督管"几个方面，也是我们在研究生教学督导领域的一种探索。

第四节 督导反馈机制的建立与工作闭环的形成

"决策、执行、监督、反馈"是系统论的经典模式，教学督导工作在此模式中主要发挥"监督、反馈"的作用。如果回到督导工作自身，我们也能将督导工作的功能设想成"开展工作、发现问题、反馈建议、督促解决"的经典工作回路或者工作闭环。

教学督导工作闭环形成的关键在于最后一环，即"督促解决"。无论是正常的开展教学督导工作，在工作过程中发现教学相关问题，还是教学督导专家集思广益，提出解决问题的建议与意见都是目前各大高校督导工作过程中能顺利完成的，然而教学督导工作经常遭遇"发现的问题屡提屡犯，反馈的意见无人重视"等窘境，这显示了工作闭环缺失所带来的必然恶果。"督促解决"这一环节之所以关键，在于只有把问题解决了才能展示督导工作成果，并且切实地促进教学及教学相关工作的改进。如果问题不能得到有效重视和解决，督导工作就会越来越被边缘化。

督导工作闭环的形成有赖于学校领导的重视与兄弟单位的配合，然而更重要的是督导工作必须建立有效的工作机制。有的学校领导提出教学督导工作应该成为学校的"巡视组",有强大的震慑作用和奖惩功能,这可能需要多方面的配合以及较长时间的发展才能实现。更为实际的一点是督导工作不妨把工作透明化,把开展工作过程中发现的问题、责任单位以及督导专家的建议意见完全透明地向校内定期发布,同时更重要的,把过往已经解决问题的情况和改进了工作的责任单位进行表扬,而对于长期忽视、拒绝改进问题的单位进行批评。大多数高校的教学督导工作部门基本不具备较大行政权力,因而进行定期的信息发布是较为可行的工作思路,当然这仍然需要教学督导专家与相关部门工作人员能够顶住一定压力,"不怕得罪人"。

下面附一份学校督导工作开展与问题处理流程图,介绍下中国传媒大学在教学督导工作闭环上的努力,尽管也遭遇各种困难,但是进步也是明显的,可供兄弟单位借鉴与参考。

【中国传媒大学督导专家在督导过程中发现问题的处理流程图】

督导专家在督导过程中发现问题的处理流程图

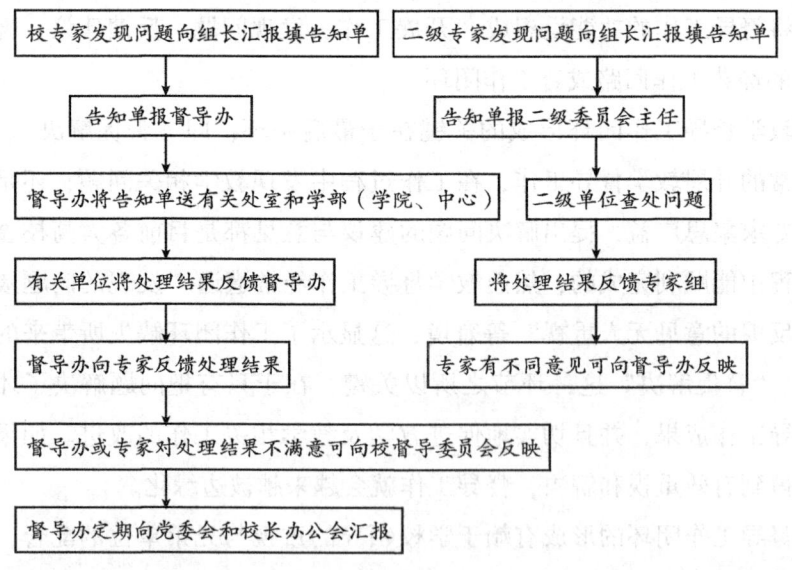

第三章 高校教学督导工作的内容与职责

上图中的"告知单"全名《中国传媒大学教育教学质量督导意见反馈单及问题处理结果告知单》和《_____（学部、直属学院、中心）教育教学质量督导意见及问题处理结果告知单》，是我们开展督导反馈工作的主要工具。下面结合一份学校"告知单"，介绍下这个督导工作工具的特点与设计思路。

【中国传媒大学教育教学质量督导意见反馈单及问题处理结果告知单】

尊敬的 _____ 领导：

　　学校教育教学督导专家在近期督查过程中提出涉及贵部门（单位）的意见和建议，现反馈给你们。敬请在进一步调查核实的基础上，根据实际情况提出解决问题的具体措施，并将处理情况和结果在两周内递交给学校教学督导委员会办公室，并将电子版发至电子信箱：dudao@cuc.edu.cn 或学校信息平台。我们将把贵部门（单位）的处理情况和结果反馈给教学督导组专家及学校相关部门。

　　感谢支持与合作！

教学督导委员会办公室
201 年 月 日

　　注：《中国传媒大学教育教学质量督导意见反馈单及问题处理结果告知单》由教学督导委员会办公室于201____年____月____日发送到（_____）（纸质版/电子版），于201____年____月____日收到（_____）的回复（电子版/纸质版）。

　　注：凡是涉及两个及以上单位的需协调解决问题，列在第一位的为牵头单位。

　　抄报：学校教学督导委员会委员

督导过程中发现的问题： 　　新学期开学第一周上课期间，部分教室的教学设备使用出现问题，其中从9月23日到10月11日一号教学楼由于设备使用的问题维护了49次，从9月22日到10月11日四十八号教学楼由于设备使用的问题维护了61次，影响教学。 　　附件： 　　教室管理中心日常维护记录（1） 　　教室管理中心日常维护记录（2）
教育教学督导专家的意见和建议： 　　（1）建议每学期教职工上班的第一天，后勤管理处安排教室管理科工作人员值班，教务处和研究生院通知所有教学单位安排教师去授课教室检验设备，熟悉设备的使用，如有问题当场解决。 　　（2）教务处和研究生院通知要求所有任课教师在授课日应至少提前10分钟到岗，调试设备及做好其他课前准备工作。 　　（3）教室管理中心对设备的使用和更新提出建议。
相关部门（单位）解决问题的措施或结果（可加附页）： 　　教务处、研究生院按督导专家的建议发布通知要求任课教师必须提前到岗，熟悉设备使用，发现问题及时与教室管理中心工程师联系解决；教务处、研究生院、教室管理中心在开学前发布教室教学设备使用指南，帮助任课教师熟悉设备。 　　教室管理中心在开课前组织集中检查教学设备，做好维护和更新工作；开课日保证有值班工程师值班，及时应对突发情况。 　　　　　　　　　　　　　　　　　　　　　负责人签名： 　　　　　　　　　　　　　　　　　　　　　单位公章： 　　　　　　　　　　　　　　　　　　　　　　年　月　日

第三章 高校教学督导工作的内容与职责

> 督导专家对部门（单位）解决问题的措施或结果的意见：
>   同意相关解决方案，相关部门积极组织落实。
>
>   督导专家签名：
>   年   月   日

"告知单"第一页有两个地方值得注意，一个是"两周"，即收到"告知单"的单位无论能否解决问题，必须在这个时间内反馈一个意见，有些问题比较复杂，短时间条件不成熟不能解决，也需要回复一个意见，以便告知专家，在第一页下面有时间标记，作为记录与存档使用；另一个是"告知单"抄送学校教学督导委员会委员，即学校主要领导和相关部门领导都能看到，这也是驱动问题尽快反馈和解决的一个动力。

"告知单"的主体分为四个部分：问题、建议、责任单位反馈与督导专家最后的意见，这也是整个教学督导工作的闭环网络。示例中督导专家发现的问题是"开学第一周教学设备影响正常教学秩序的问题"，经过督导专家了解，这些问题主要涉及教学管理部门和后勤保障部门，一部分是设备硬件原因造成，一部分是老师不太熟悉设备使用造成，这是督导专家"开展工作"和"发现问题"；在建议部分，督导专家则针对问题原因，要求教学管理部门和后勤保障部门采取相应对策，这是督导专家"反馈建议"；然后学校教学督导办公室将"告知单"发送至相关部门，在相应时间内，得到了相关单位的解决方案；最后，学校教学督导办公室把解决方案再提交给督导专家审阅，专家填写最后的督导意见，这也就是"督促解决"环节。现在，示例中所列问题已经完全按照相关部门提供的解决方案有效解决。在实际工作中，我们也遇到了需要连续几年跟踪解决的教学问题，例如外国语学院公共英语课程教师师资紧缺的问题，由于涉及人力资源与师资引进，学校教学督导办公室、外国语学院与人事处等单位历经两年多才通过多方共同努力，基本解决了相关问题。

"告知单"就是这样一个教学督导工作工具，既可以作为日常工作手段来常规使用，又可以定期进行归档整理作为工作记录档案和凭证，方便日后进行教学分析、研究。

第四章

课堂教学评价：高校教学督导工作的基石

第一节 高校教师应该具备的教学素养与能力

教学是一门艺术。同样的内容，同样的学生，不同的教师讲授起来，课堂效果可能完全不一样，学生学习效果也可能完全不一样。这体现了教师教学水平的差异，也是教学督导专家开展教学评价工作以及促进教师教学水平发展的根源。

一、教师应该具有良好的学科专业素养

教师不仅要对所要讲授课程的内容熟悉，对课程所涉及的各个知识点全面掌握，并且能够站在专业目标达成的高度，结合所讲授课程的先修课程以及后续课程等全面领会所教课程的地位、作用与目标，即充分了解所讲授课程各个知识点在整个专业培养过程与学科系统中将发挥的作用。

二、教师应该具有准确认知教学对象，即学生基本情况的能力

教师应该能够根据学生专业特点、年龄结构、身心发展水平、生源差异等灵活改变所讲授课程的内容与方式。尤其需要注意互联网时代成长起

来的新一代学生独特的认知特性，即参与性认知，必须有意识地让学生主动参与到教学中来，才能在课堂上将学生的注意力从手机、电脑等信息工具上转移。

三、教师应该具备良好的教学设计能力

教学设计，即教师根据所讲授课程的目标要求、具体内容以及授课对象的特点，对课程进行教学目标设定、知识点秩序安排、重点难点内容分解、教学策略选取的工作过程。良好的教学设计将能够根据课程和学生特点实现适宜的教学目标，通过知识点的秩序安排，分散重点和难点内容，同时又将各个知识点联系成有机的整体系统，采用合适的教学策略使得学生能根据知识点性质的差异获得不同层次的理论与应用能力培养。

四、教师应该熟练掌握现代教学新技术与新设备

随着时代进步，教育科学理念不断发展，教学新技术和新设备层出不穷。作为教师应该具备现代教育意识，特别是根据授课内容与学生特点积极采用教学新技术与新设备。

移动互联网时代的高校教学早就不能是"粉笔、黑板、满堂灌"的传统教学方式，投影、电影电视、电脑教学也显现出边缘化的趋势，新媒体教学，特别是手机等个人移动媒体终端引入教学是大势所趋。微课、慕课等新的互联网教学方式也在挑战课堂教学。这不仅要求教师能熟悉各种教学方式的优点和缺点，灵活采用恰当的应用方法，更重要的是要能够将各种新技术与新设备引入教学，并探索将教学从课堂延伸到课外，利用新媒体教学技术"无时无刻无处不在"的媒介特点传授知识。

五、教师应该具有良好的课堂掌控能力

课堂掌控能力，即教师能够根据课堂教学过程中学生反馈的实时信息及时调整教学进程与节奏，并控制课堂纪律与自我情绪调节的能力。课堂掌控能力是教师课堂教学综合素质的一个整体体现，教师不仅需要熟练掌握教学内容，准确认知教学对象的特点，并且要有效洞察课堂反馈和及时作出相应调整。课堂掌控能力是教师个人学术声望与影响力、个人性格特点与魅力、个人教学经验与学生互动关系的综合体现。

六、教师应该具备正确进行学生评价和自我评价的能力

教师有效地进行学生评价和开展自我评价是促进学生学业进步和自身教学水平发展的重要手段。正确的学生评价手段能够让学生更有意识地主动参与教学过程，并且能有效地反映课程各个知识点的实际掌握情况，实现教学目标的达成。通过对学生综合的课堂表现、作业评判和考试考核的事后分析还能够积累教学经验和改进课程教学。同时，通过教师个人反思教学观念、教学过程以及通过教案回顾、教学研讨以及教学交流等手段进行教师自我教学评价更能让教学水平迅速提高。

七、教师应该具备一定的科研水平

高校教学与中小学教学最大的不同是科学研究与教学的深度结合。如果教师不具备一定的教学科研水平，只把书本知识传播给学生，就容易出现"满堂灌"的情况。另外，只有教师具有一定的科研水平，才能把学科的前沿信息与最新进展融入课堂教学过程，从而提升教学的学术水平并增加课堂学习的新鲜程度，进而吸引学生的注意力。

第二节　课堂教学评价工作的理论思考与应用实践

教学评价，是一项系统工作。

现代教学理念主张的教学评价一般由学生评价、专家（同行）评价与自我评价共同组成。兴起于20世纪八九十年代的督导评价则是专家（同行）评价的主要形式。经过近30年的督导工作实践与相关的理论积累，教学督导评价教学从最初的以感性为主的主观评价逐步过渡到有一定理论依据支撑的相对理性的客观评价，也不断努力地从定性评价走向定量评价。

笔者所在工作单位的督导评教体系借鉴了传播学的拉斯韦尔5W理论，将教学过程视为一项信息传播过程，将教学评价对象分解为五个关键点，即"教师、内容、学生、方法、效果"，系统地构建了一套特色鲜明的督导评教体系。

Who：教师。教师是教学活动的组织者，也是教学活动的中心之一。教师在教学过程中负责搜集、选择、处理与传播信息（知识）。借用传播学中的另一个重要理论"把关人"，教师就是教学活动中的"把关人"。教师受政治、法律、经济、社会、文化、信息、组织、受众、技术以及个人因素的影响，对教授的知识或组织的教学活动负责"把关"。对教学活动中教师的研究可以理解为对传播者的研究，即控制分析。

对教师的评价首先应包括其学术水平，教师的学术水平直接决定了教师所能传递知识的深度与广度，较高的学术声望也有利于加强学生的学习效果。其次是师德与敬业态度，包括品德是否端正、授课时的精神与情绪状态是否积极、课件准备是否精心、授课资料是否细致完备、作业批改是

第四章 课堂教学评价：高校教学督导工作的基石

否细心、职业着装是否合适、教态仪表是否得体等，师德与敬业程度是对教师课程教学评价的重要方面，高尚的师德与良好的敬业精神不仅让老师更有激情，还能感染学生提升其学习积极性；对教师的教学评价还应包括教师的表达与应变能力，例如普通话水平，肢体语言表达以及对课堂的观察、控制能力等。对教师的评价是一种对人的评价，既包含普遍的道德评价，也包含职业的专业水平评价。

What Content：教学内容（知识）。知识是教学活动的核心，所有的要素都是围绕这个核心而运转的。教学过程中的知识应该具有专业性、层次性、易读性等特点，与科学研究活动中的知识既有联系，也有区别。内容（知识）分析也是研究教学活动的重要方面。

不同学科和不同课程的教学内容都有其自身的客观特点，有理论性的有实践性的、有枯燥乏味的有生动有趣的、有困难的有容易的，这些都是需要我们在具体评价工作中加以区别对待的。而对于此项要素的评价应将重点放在授课教师对内容的理解与掌握程度上：教师对基本知识点的传授是否准确科学、是否讲授得有足够的深度与广度、是否将课程的最新前沿研究成果介绍给学生等，对于实践性的课程还要注意实践环节设计是否合理、实践能力培养的时间安排是否恰当等等。

In Which Channel（Through What Method）：媒介与教学方法。随着教育教学方法的不断革新和教育信息技术的不断进步，教师讲授这一长期居于绝对统治地位的教学方法正在逐步让位于互动性教学、新媒体教学等新的教学方法与教学信息技术。教师不再是教学的唯一或者主要的媒介，教师的作用也从单一的讲授与传递逐渐派生出引导、协调与组织功能。对于教学媒介与方法的研究，可以从方法本身的技术特点、教学各因素的参与程度等角度去切入，是研究教学活动的主要方面。

教学媒介与教学方法是评价课程教学的一个重要方面。除了教师讲授本身,是否采用案例式、互动式、启发式等教学方法,是否使用了多媒体、慕课等新的教学信息技术,都是可以在评价过程中重点关注的部分。但需要注意的是,并非媒介与方法形式越多样,评价结果就越好,任何方式方法都要依据课程的实际需要而展开,切忌华而不实和花里胡哨、眼花缭乱的形式堆砌。

Whom:学生。学生是教学活动中的另一个中心,既是教师教学内容的主要接受对象,也是教学媒介与教学方法的作用方和教学效果的主要体现者。按照传播学理论来理解的话,学生是受众,是信息(知识)接收者、信息(知识)再加工的传播者和传播(教学)活动的反馈源,是传播(教学)活动产生的动因之一和中心环节之一,在传播(教学)活动中占有重要的地位。教学活动是一种人际传播和组织传播,在这种传播形态中,传播者(教师)和受传者(学生)相对存在,一定条件下,二者的位置可以互换(教学相长),且二者主要在面对面的环境下完成传播(教学)行为,可以及时反馈并调整传播(教学)内容和方式。对教学活动中学生的研究,可以围绕学生的特点、学生的学习动机等方面入手。其中,有关师生关系的研究十分关键,围绕着师生关系这一问题,教学活动中各因素、各环节的相互关系也在不断变化调整甚至互换。

对学生的评价是对一个人群的总的评价,那么必不可少的就涉及学生群体总体的学业水平、学习能力和学习态度。学生的学业水平和学习能力一方面影响教师学术水平的发挥,另一方面又影响课程内容的选取,这两者在短期内难以有所改观。学习态度则涉及学生的出勤、课堂纪律、精神风貌、参与积极程度等,不仅对学习效果影响很大,对教师的教学态度和教学投入影响也很大,是我们在教学评价过程中对学生评价的主要方面,也是通过共同努力、能够较快改善教学效果的部分。

With What Effect:教学效果。从信息传播的角度来看,教学效果是指

第四章　课堂教学评价：高校教学督导工作的基石

教师讲授的知识（信息）经过特定的媒介或教学方法传递到学生从而引起学生理论知识水平、实践技能能力等的变化。教学效果研究应该是教学研究过程中有较多争议但是又具有较大现实意义的环节，它也是整个教学活动整体价值的集中体现。

既然教学效果最终体现为学生理论知识水平、实践能力等的变化。那么对教学效果的评价就可以观察理论知识是否掌握（考试及试卷或论文评价）、实践能力是否提高（动手能力评测）、专家与同行课堂实地观察与评价、学生反馈评价等。教学效果评价相对直观，但却是前四个因素综合作用的结果。

学校的教学督导评教体系由"教学准备""教学内容""教学方法""教学态度""教学效果"5个一级评价指标以及19个二级评价指标构成。有关教师（Who）评价的一级指标是"教学准备"和"教学态度"，有关内容（What）评价的一级指标是"教学内容"，有关方法（What method）评价的一级指标是"教学方法"，有关效果（What effect）评价的一级指标是"课堂效果"，而有关学生（Whom）评价的一级指标是空缺的，只在部分二级指标中体现。这和学校教学督导工作"督教为主、督学、督管为辅"的宗旨是一致的，学校当前教学督导工作主要倾向于促进教师教学水平的提升，因此，评价体系的侧重点也在教师方面。

"教学准备"一级指标下有"备课认真，课程内容准备充分""预备铃前到达教室、提前调试设备""认真考勤并有记录"3个二级指标，这些指标主要是评价教师的教学预备工作情况，后两项二级指标主要是客观观察教学前规定动作是否完成，第一项二级指标则需要督导专家完成教学过程后进行回顾评价（所占分值最高，也说明备课工作是所有教学准备工作的重点，并强烈影响后续所有教学工作）。这个一级指标既能体现教师的工作责任心，又关系到最终教学效果的实现，而且更重要的，此项一级指标最能通过督导工作实现明显改进从而提升教学工作的规范性。

"教学态度"一级指标下有"课堂教学认真负责""讲课精神饱满，富有激情和感染力""对学生态度好、有耐心""衣着得体、仪态自然"4个二级指标。这几项指标是相对主观或者说是感性的，一般来说，评价较为不易，因此这项一级指标所占分值或者比例最低。不过，如果反过来看这几项指标，即"课堂教学不认真负责""讲课平淡、讲授无趣、无激情""对学生态度冷淡，无耐心""衣着、仪态不符合教师身份"，则会发现此项一级指标如果得分较低，则说明教师"教学态度"亟须改进。

以上两个一级指标一项是相对客观评价教师教学工作合规性的指标，一项则是相对主观评价教师教学工作主观能动性的指标。如果说教师对"教学内容"与"教学方法"的提高受智力与经验限制，那么此两项指标应该是最容易依靠教师个人主观努力而快速改进的。

"教学内容"一级指标下有"符合课程大纲要求，符合课程学习指南要求""授课内容与教师的科研或创作成果有机结合""信息量大，有广度、深度或新颖""有助于提高学生科研能力或创新能力"4个二级指标。第一个指标是非常重要而且客观的一个评价标准（所占分值或者比例最高），学校教务处与研究生院近几年来在课程与教学工作上下了很大的工夫，组织各教学单位比较系统地规范了绝大部分课程的教学大纲或者课程指南，这些大纲与课程指南均经过了各专业教学指导委员会全体专家的审核，因此，在内容的规范性上无可置疑。学校教学督导委员会依据这些大纲或指南，要求督导专家在评价教师教学工作中，重点考察是否"符合课程大纲要求，符合课程学习指南要求"，就是要在教学内容评价过程中让教师"合规"。尽管我们一直鼓励与提倡教学工作改革与创新，但是在授课内容方面，我们是有基本的圈定范围的。其他3个二级指标则有一定的

第四章 课堂教学评价：高校教学督导工作的基石

引导性或者鼓励性，即学校是鼓励教学与科研结合并且相互促进的（只有教学没有科研的大学绝对不会是一流大学、只有教学没有科研的教师也绝对不会是一流教师），学校的优势学科也决定了学校教学工作必须鼓励知识与信息的"博、大、精、深"（信息与传媒学科自身的特点），学校的教学也应该实现教学相长或者引导学生自身科研与创新能力的成长（现代教学理念论证与教育行政部门的当前要求）。

"教学方法"一级指标下有"教学方法得当，师生互动合理、有效""板书（课件）设计合理，易辨认、易理解""条理清楚，重点突出，深入浅出，讲解难点通俗易懂""对学生课后学习、实践或创作有指导，布置的作业合理"4个二级指标。不同学科、不同层次、不同性质课程甚至是同一课程的不同章节都可以有不同的教学方法，因此在具体方法栏目，我们适当模糊处理，只用了"得当"这个感性标准作为评价指标。然而，为了避免传统课堂灌输式的教学方式，我们又在同一级、二级指标中设置了"互动"这一评价要求，并且要求"互动"必须是"合理、有效"的。另外三个二级指标则是比较客观的，板书和课件、实际课堂讲授、作业与课后指导，这也是为了提高教学工作的规范性——即板书或课件必须有，而且应该"合理、易辨认（字迹清晰、不潦草），易理解（简明扼要）"；实际课堂讲授也必须有（不能大量播放视频或者以教学改革名义让学生替代教师大量讲授），而且应该是"有条理（逻辑性）、有重点、深入浅出、通俗易懂（教师对教学内容把握良好并且有一定的讲授技术）"；作业与课后指导也必须有，而且要"合理"并且必须有"指导"。

应该说，学校督导评教体系对于"教学方法"这一重要指标的评价主要是一个"合规性"的监督与指导，即暂时先把不同课程的个性化教学方法与探索创新放一边，而把所有课程都应该符合的基本要求提炼出来，划出一个及格线，敦促所有课程整体教学水平达标进而提高。

"课堂效果"一级指标下有"课堂气氛好，学生注意力集中，学习积极性高""课堂教学秩序良好，教学时间安排得当""教师授课语音、语调、语速适中""学生出勤率高、无旷课、迟到、早退现象"4个二级指标。其中第一项和第四项二级指标和学生相关，一个是客观出勤情况，一个是相对主观的课堂表现；第二项和第三项二级指标则与教师相关，应该说此两项指标是教师"教学准备"工作、"教学态度"、对"教学内容"的掌握以及对"教学方法"运用后的综合体现——教学的"节奏"与课堂的"控制"。

简单来说，学校督导评教体系是以"教师"为中心，以教学准备、教学内容以及教学方法的"合规性"为主要评价点，通过总体把握教师课堂的"节奏"与"控制"来全面评价教学。

我们对过去几年的部分听课记录本做了一项回顾性分析与研究，下面将结合这项研究成果具体地展示这项工作开展的具体过程、理论思考和取得的实际工作成效。由于分析的资料时间跨度为2011年至2016年，这几年学校教学督导工作体制有重大变化，加上督导课堂教学评价体系也有比较大的调整和改进，因此具体细分项目可能呈现不一致的情况，但是不影响从报告里观察学校督导评课工作的总体情况和主要成绩。

下面附上一份中国传媒大学听课记录本分析报告。

【中国传媒大学听课记录本分析报告】

(一) 分析目的

听课记录本是督导专家在教学督导过程中对教师的课堂教学情况所作的基本记录，是研究课堂教学评价的重要原始材料。深入分析听课记录，不但可以看到专家是如何进行课堂教学评价的，而且更重要的是能够发现教师在课堂教学方面的优势和问题，从而以此为依据，促进教师改进和完

第四章 课堂教学评价：高校教学督导工作的基石

善课堂教学，提升教学质量。

本次分析听课记录本的主要目的是分析督导专家的课堂教学评价标准，呈现我校督导专家是怎么评价课堂教学的，以及督导专家在课堂教学评价中发现的问题，一方面为教学督导专家反思自身的课堂教学评价实践提供借鉴参考，另一方面为学校今后改进和完善教学督导工作提供参考性意见和建议。

（二）分析过程与方法

本次分析的听课记录全部是纸质版。我们首先将纸质版的听课记录输入到EXCEL文档里。对听课记录中量化评价部分进行基本的描述性统计分析。另外，采用关键词分析的方法，对质性评价部分的文字进行编码。关键词分析主要根据课堂教学评价的要素进行。课堂教学评价一般会从教师教学基本功、教学态度、教学内容、教学过程、课件板书、对学生的管理和学生反应等方面进行。我们根据课堂教学行为的这七个要素，对质性评价进行文字编码，在此基础上分析督导专家评课的标准和特点。

（三）分析材料的基本情况

1. 听课记录本的主要构成

听课记录主要包括以下几个部分

（1）量化打分。督导专家根据教学评价量表对教师的教学进行评价，评价分为优、良、中、差（A、B、C、D）四个等级。

（2）教学评价。主要是督导专家对教师课堂教学的总体评价、对学生上课情况的总体评价，课堂中出现的问题的记录，以及给任课教师提出的建议。

（3）课堂记录。督导专家记录的教师教学行为、讲课内容和学生学习行为。

2. 概况

从时间分析，听课记录材料时间跨度为 2011—2016 年，其中主要以 2014—2015 年第二学期、2015—2016 年第一学期和第二学期的听课记录为主。

从所属部门分析，学校主要的学部和学院都有听课记录材料，其中经济与管理学院、文法学部、理工学部的听课记录占多数。

从听课层次分析，多数属于本科生教学，少数属于研究生教学。

3. 督导专家听课的基本情况统计

2011 年至 2016 年共六年的时间，参与听课的督导专家有 73 人，听了学校 541 位老师的课，所涉及的课程为 551 门，另外有少量的课是毕业论文答辩、毕业论文开题指导会，听课次数总共为 1531 次课（具体情况见表 4-1）。

具体来说，2011 年 5 月—2012 年 4 月期间，专家听了 19 次课。2012—2013 年第一学期，专家听课 29 次。2013—2014 第二学期，专家听课 36 次。2014—2015 年第一学期和第二学期，专家听课分别为 12 次和 256 次；2015—2016 年第一学期和第二学期，专家听课分别为 666 次和 513 次。2014—2016 年间，专家听课频率是很高的，达到 1435 次。这表明最近两年来，学校非常重视教学督导工作。

表 4-1　各学期专家听课次数统计

时间	2011—2012 年	2012—2013 年第一学期	2013—2014 年第二学期	2014—2015 年第一学期	2014—2015 年第二学期	2015—2016 年第一学期	2015—2016 年第二学期
听课次数	19	29	36	12	256	666	513

(四) 督导专家对课堂教学的评价标准

1. 教学基本功

语言表达。教师的语言表达，是教师教学基本功最关键的一部分，也是督导专家听课时对教师的第一直观印象。通过关键词分析，在1532份听课记录的质性评价部分，督导专家进行评价时涉及"语言表达"的有82处。对教师语言运用的评价，使用的关键词主要有：流畅（25）、生动（4）、语言规范（4）、清晰（3）、丰富（3）、幽默有趣（2）、词汇丰富（3）等。对教师表达方面的评价，使用的关键词主要有：语速适中（54）、声音洪亮（40）、表达清晰（8）、口齿清晰（7）、表达严谨（2）等。由此看来，督导专家对教师在语言表达上最基本的评价标准是语言表达的流畅性、清晰性、严谨性、规范性、声音是否洪亮以及语速是否适中。语言表达的趣味性和幽默则是更高的要求。

教姿教态。在搜集的1532份听课记录中，督导专家对教师教姿教态的评价频次共53处。主要的评价用词是：自然（44）、亲切（10）、端庄（18）、大方（13）、有亲和力（11）。

2. 教学态度

教学态度是督导专家听课关注的重点之一。"教学态度"作为关键词，在专家的质性评价中被提到56处。督导专家评价教学态度时的主要用词是：认真（43）、积极（2）、良好（5）、耐心（3）、诚恳（1）。实际上，对教学态度的判断贯穿于教师课堂教学的全过程。但是教师的课前准备和备课情况，是督导专家对教师教学态度进行判断的第一印象。

责任心。对教师责任心的关注频次为14次。专家的评价用词主要是：责任心强（14）。

备课。督导专家对教师的评价中，对"备课"的关注频度是328次。"备课认真"的频次为193次，"备课充分"（93）。对备课充分和认真的判断依据主要是教学内容的丰富程度、教学内容的层次、教学内容的组织方式等。

课前准备。督导专家重视教师的"课前准备"（114次）。课前准备的含义除了备课之外，更主要的是教师在上课之前的一些准备工作：例如提前到达教室、提前准备教学设备等。

3. 教学内容

教学目的。教学目的是教学内容的重要构成。质性评价中，教学目的被提到8处，专家对教师教学目的的观察和评价，主要用词是：明确、清晰、切合实际。

教学内容。教学内容，是督导专家质性评价中的高频词。与教学内容相关的词汇，主要是"教学内容"（135）、"课程内容"（126）、"授课内容"（101）。由此看来，督导专家对教师课堂教学的"内容"方面的关注频次达到262次。评价教师课堂教学内容的用词：内容丰富（19）、准备充分（17）、内容安排合理（10）、信息量大（27）、结合或反映学科前沿（2）、内容条理清楚（2）、内容符合教学大纲要求（13）、符合课程学习指南（5）、内容充实（15）、理论联系实际（5）、内容组织严谨（3）、科学合理（5）、内容清晰（3）、有逻辑性（4）、内容充实（15）、熟悉授课内容（18）、精心组织教学内容（1）。

从这些关键词来看，督导专家对教师课堂教学内容关注以下几方面：一是教学内容的形式方面，内容丰富、充分、科学、信息量大、逻辑性和条理性较好；二是教学内容的实质方面，选用的教材适当，符合教学大纲和课程学习指南的要求，结合或反映学科前沿与行业前沿、理论联系实际等；三是教师对教学内容的掌控和把握方面，教师对教授的内容有自己独到的、深入的理解，合理地、严谨地安排和精心地组织教学内容。

第四章 课堂教学评价：高校教学督导工作的基石

4. 教师的课堂教学行为

教学计划。督导专家的课堂观察中，对"教学计划"的关注频率是7处。教学计划和教学大纲的匹配程度、教学计划安排的合理程度，是否张弛有序，是否得到了认真执行，是督导专家关注教学计划的主要观察点。

课件板书。督导专家对课件的关注频度是156处。对课件的评价，主要有三方面：一是课件制作（24），二是课件形式，三是课件内容。课件制作上，主要的评价用词是：精心（5）、准备认真（3）。课件形式上，主要的评价用词有：清晰、清楚（4），精美（2）、精练、简洁（2）、精细（2）、图文并茂（5）、有表现力（1）、有吸引力（4）、有艺术感（3）。课件内容上，主要的评价用词有：内容饱满（1）、充分展示理论特点和知识结构（2）。

对板书的评价，主要的用词是：规范、工整、系统、字体美观、内容等。

督导专家尤其会关注，课件与板书是否很好地结合、匹配（25）。

因此，在督导专家看来，一个好的课件，应该是前期的认真和精心准备的结果，在形式上应清晰、简洁、图文并茂、有艺术感，且富于表现力、吸引力，能帮助学生理解知识要点；在内容上应饱满、较好地展示课堂教学任务和知识结构；同时，课件与板书应能很好地结合、匹配。

教学环节。"教学环节"作为关键词，在督导专家的质性评价中出现25次，评价教学环节的主要用词是：安排合理（24）、紧凑（1）。合理、紧凑的教学环节主要表现在两个方面：一是对课堂教学步骤的设计安排；一是对课堂教学节奏的把握。一节课开始之初，教师是否能在复习已学内容时引入本次教学当中的新概念、新问题，教学内容呈现方式是否多样、是否能够做到讲练结合，是否能够与学生互动、有提问、有讨论的环节等，都是督导专家在观察教学环节时的主要关注点。

教学组织。督导专家对教学组织的关注频度是18处，对教学组织的评价用词主要有：组织严密（6）、有条理（3）。判断严密与条理的标准，督导专家主要从教师的教学时间分配、教学内容安排、学生小组任务的设计与实施等角度进行。

教学方法与教学手段。督导专家对教学方法和教学手段的关注频度也较高。在质性评价中，教学方法受到关注的频次为57次。对教学方法的评价用词，主要有：方法得当（22）、方法多样化（4）、注重教学方法改革（8）、方法灵活（3）、互动式教学（2）、多媒体辅助教学（8）、案例教学法（8）、启发式教学法（4）、研讨式教学（2）。

对教学手段的关注频次为8处。督导专家的质性评价用词主要是：恰当（1）、多样（6）、有新意（1）。重点集中在"多样化的教学手段"的观察和评价上。教师教学手段是否多样化，取决于教师能否合理利用投影、视频等多媒体，组织课堂教学，使得课堂教学有秩序、有条理、有氛围。

教学过程。督导专家对教师课堂教学过程进行质性评价时，主要的用词是"授课"（296）、"讲课"（261）、"讲授"（86）、讲解（177）。这些词都是用来描述教师在课堂上的"教"的行为的。主要从三个方面进行观察：

一是从教师的精神状态进行观察和评价，主要用词是：精神饱满（112）、有激情（130），认真（8），亲和力（22），热情（8），投入（23）、有激励（1）、引人入胜（1）、趣味性（1）。

二是从教师的"教"的形式方面进行观察和评价，主要用词是：系统（10）、表达条理清晰（109）、语速适中（27）、声音洪亮（67）、概念清楚（7）、逻辑性强（37）、重点难点突出（103）、熟悉授课内容（7）、教姿教态端庄（48）、节奏把握得好（6），条理清楚（62）、清晰（25）、精

第四章 课堂教学评价：高校教学督导工作的基石

练（11）、深入浅出（7）、细致（10）、熟练（6）、清楚（12）、流畅（5）、逻辑性强（108）、思路清晰（34）、生动活泼（3）、善于总结概括（2）、启发性、开放性思维（1）。

三是从内容上进行观察和评价，主要用词是：信息量大（47）、有深度和广度（22）、严格按照教学大纲安排教学内容（18）、教学内容紧密结合学科和专业特点（12）、结合案例讲解（20）、理论联系实际（10）。总之，讲课内容的丰富程度、讲课内容的重点是否突出、是否熟练、是否脱稿、是否能结合学科前沿、内容的深度和广度、是否用案例、讲课对相关知识点的宏观背景的关注情况，以及概念定义、理论讲解是否清晰透彻，都是专家对教师课堂教学进行现场观察的主要观察点。

教师对学生的关注。课堂里的学生，也是督导专家在听课时的主要观察对象，质性评价中提到学生的地方有153处。关注主要分为两类：一类是单纯描述和评价学生在课堂上的情况，主要用词是：学生出勤率、到课率好（15）、学生参与度高（5）、学生积极性高、踊跃发言（24）。一类是描述和评价教师在课堂上与学生互动的情况，主要用词是：教师认真考勤（31）、对学生要求严格（42）【主要是对学生预习、复习、实践能力、应用能力等方面的要求】，能够调动学生兴趣、积极性、注意力、参与、思考能力等（15）。督导专家在这些观察的基础上，会做出"师生互动好"（34）的判断。

5. 课堂情况

课堂情况也是督导专家高度关注的环节。质性评价中，督导专家提到"课堂情况"的频次为107处。对课堂情况的关注主要有两方面：一方面侧重于总体的判断和描述，专家判断和描述的用词主要有：课堂秩序良好（5）、课堂气氛活跃（12）、课堂纪律良好（3）、课堂常规严谨、规范（8）、课堂节奏好（2）。另一方面，督导专家也关注课堂上教师教学内容、教学行为、教学课件以及对课堂的驾驭能力等方面情况的具体描述，主要的用词：准时上课（3）、课堂信息量大（3）、课堂内容丰富且结合实际（10）、课堂学习资料多（3）、教师讲课精神饱满（52）、课堂有讨论、互动（4）。

（五）量化评分分析结果

本次分析的听课记录本中，有关课堂教学的量化评价表有两种：

一是《中国传媒大学干部/督导专家/教学秘书听课本》中的《中国传媒大学课堂教学质量标准》，主要评价指标是：教学态度、教学内容、教学方法和手段、教学能力、教学效果共五项，共23个题。评分标准是量化的，最高分10分，最低分0分。

二是由督导委员会办公室印制的《中国传媒大学听课记录本》中的评价表，主要评价指标是：教学态度、教学内容、教学方法、教学素质、教学状态共五项，共19个题。评价标准是等级的，分为优、良、中、差（即：A、B、C、D）四个等级。

由于第一种听课本只占少数，大部分都是第二种听课记录本。因此，我们主要分析第二种关于课堂教学的量化评价。在1532份听课记录本中，督导专家只对284位老师的课堂教学进行了等级评价。而且督导专家对评价等级作了一些微调，多出来A-和B+两个等级。评价结果见表4-2。

我们常常会发现绝大多数老师在教学态度、教学内容、教学方法、教学素质、教学状态等各项评价指标中都被评为优秀（A）。这在一定意义上表明我校教师的课堂教学的总体情况是受到督导专家认可的。但是，从另一个角度看，量化评价结果没有呈现出正态分布，会使得统计结果的意义和价值有限。虽然如此，我们仍然能够从中发现一些有意思的现象。

表 4-2 教师课堂教学量化评价结果统计表

	A	A-	B+	B	C	D	缺失
项目 1	180	2	3	19	3	1	18
	79.65%	0.88%	1.33%	8.41%	1.33%	0.44%	7.96%
项目 2	184	2	5	16		1	52
	70.77%	0.77%	1.92%	6.15%	0.00%	0.38%	20.00%
项目 3	222	2	3	20	3	1	15
	83.46%	0.75%	1.13%	7.52%	1.13%	0.38%	5.64%
项目 4	227	2	3	23	3	1	16
	82.55%	0.73%	1.09%	8.36%	1.09%	0.36%	5.82%
项目 5	225	2	3	23	3	1	16
	82.42%	0.73%	1.10%	8.42%	1.10%	0.37%	5.86%
项目 6	226	2	3	22	3	1	17
	82.48%	0.73%	1.09%	8.03%	1.09%	0.36%	6.20%
项目 7	226	2	3	23	3	1	18
	81.88%	0.72%	1.09%	8.33%	1.09%	0.36%	6.52%
项目 8	225	2	3	22	3	1	18
	82.12%	0.73%	1.09%	8.03%	1.09%	0.36%	6.57%
项目 9	226	2	3	22	3	1	17
	82.48%	0.73%	1.09%	8.03%	1.09%	0.36%	6.20%
项目 10	225	2	3	22	3	1	10
	84.59%	0.75%	1.13%	8.27%	1.13%	0.38%	3.76%
项目 11	225	2	3	22	3	1	17
	82.42%	0.73%	1.10%	8.06%	1.10%	0.37%	6.23%

续表

	A	A–	B+	B	C	D	缺失
项目 12	222	2	3	16	3	1	14
	85.06%	0.77%	1.15%	6.13%	1.15%	0.38%	5.36%
项目 13	225	2	3	22	3	1	16
	82.72%	0.74%	1.10%	8.09%	1.10%	0.37%	5.88%
项目 14	224	2	3	22	3	1	5
	86.15%	0.77%	1.15%	8.46%	1.15%	0.38%	1.92%
项目 15	225	2	3	22	3	1	17
	82.42%	0.73%	1.10%	8.06%	1.10%	0.37%	6.23%
项目 16	223	2	3	18	3	1	14
	84.47%	0.76%	1.14%	6.82%	1.14%	0.38%	5.30%
项目 17	225	2	3	22	3	1	18
	82.12%	0.73%	1.09%	8.03%	1.09%	0.36%	6.57%
项目 18	207	2	2	20	3	1	5
	86.25%	0.83%	0.83%	8.33%	1.25%	0.42%	2.08%
项目 19	207	2	2	20	3	1	5
	86.25%	0.83%	0.83%	8.33%	1.25%	0.42%	2.08%

（注：由于篇幅原因，项目 1-19 的具体指标含义在此不具体列出，可参见督导委员会办公室印制的《中国传媒大学听课记录本》）

（1）大多数教师在项目 4、5、6、7、8、9、10、11、13、17 方面，都被评为 A 等级，表现优秀。具体来说，项目 4、5 属于教学态度，项目 6、7、8、9 属于教学内容，项目 11 属于教学方法，项目 13、17 属于教学素质。也就是说，大多数教师在教学态度、教学内容、教学方法、教学素质方面的表现都是优秀的。

（2）在项目 1、2、18、19 方面，被评为优秀（A 等级）的教师人数，相对来说就比较少一些。项目1、2属于教学态度，项目18、19属于教学状态。在教学态度中，项目1是备课、课前准备、资料准备，项目2是对教师《课程学习指南》的考察，相比于项目3和项目4来说（课件、教学用书、考勤表齐备，预备铃前到教室），项目1、2是更为复杂和高阶的行为。项目18、19考察的是教师的教学效果、课堂氛围和师生互动，这也属于高阶和比较复杂的行为。表4-2的统计结果表明，教师在比较复杂和高阶的教学行为方面要想取得好的评价结果，是有一定的难度的。

（3）从督导专家对教师课堂教学的评价标准来看，绝大多数老师在各个评价项目中获得的评价都是A-以上。我们据此至少可以认为，如果某位教师在某一个评价项目中获得B+（包含B+）以下的等级，那么这位教师在这个评价指标上的表现，就值得特别关注。相比起来，项目3、4、5、6、7、8、9、10、11、13、14、15、17、18、19方面，被评为B等级的教师人数是最多的。

（4）表4-2可以看到，各个评价项目上，也都有教师被评为D等级。这表明，即使有的教师在其他方面表现得很好，但在某一项或某几项评价指标上的表现都有不尽如人意之处。

（六）课堂中出现的问题

1. 课件板书

主要的问题如下：

（1）有的老师在上课时没有PPT，因此督导专家建议，教师可以适当使用PPT等形式，使得课堂教学手段更丰富一些。

（2）课件制作方面发现的主要问题：①课件制作较为简单，课件制作得不够完善；②课件字体较小，字迹模糊，课件上图形略小，某些图像学生看不清楚，尤其是后排的同学看起来费力；③课件中背景颜色太暗，导致字看不清楚，教学课件颜色搭配欠合理，④课件中有些内容模糊，意思不清楚，课件稍显文字堆积；⑤课件内容照搬书本或教材，课件上有错别字，课件字数太多，重点不突出。

（3）板书方面的主要问题：①不清晰，没有条理；②板书字体略小，后排看不清楚；③板书书写不规范，比较凌乱，还有个别错别字；④板书偏少。

2. 教师的课堂教学行为

教师的"教"存在的问题如下：

（1）授课的语速过快，语调较平，声音小，地方口音重，口头语偏多，缺乏激情、感染力和亲和力。

（2）口齿不清楚，语言表达欠流畅，不生动，逻辑性不强，重复的话语比较多。

（3）在教学过程方面：课程内容和课程目标结合不紧密；授课内容偏简单，课程信息量不大。

（4）教师对课堂内容操作把控能力不足；不熟悉授课内容；对理论的消化还不够；对学科的学理深度分析不深入；对基本概念和理论讲解不清晰；授课的主次、重点难点安排欠妥，甚至没有重点；案例分析的例子多从书中抄录。

（5）对教学环节和节奏的把握能力不足，主要表现为：节奏过快或过慢；教学时间安排不合理，例如：教学进度安排不合理，点名的速度过慢，开场铺垫内容过多，复习上次课内容时间稍长（有的教师的课堂复习几乎占用一半的课堂时间），讲解例题、测验与作业的时间过长，讲述与课程无关的问题占用很长时间。

（6）未按照教学计划开展教学。

（7）教学准备不充分，教师没有认真备课，责任心不强；教师没有按规定提前10分钟到课堂；未能在课前准备好教学设备。

第四章 课堂教学评价：高校教学督导工作的基石

（8）教态比较随便，不端庄。

（9）教学方法较为单一，授课个别环节较为抽象。

（10）教师对着屏幕，只是滔滔不绝地讲解，不关注学生在课堂上的反应，不关注学生是否接受、吸收，教师不能启发和拓展学生的思维。

（11）课堂管理不够，对学生的要求不严格，教师对学生的考勤不认真，课堂组织涣散、纪律差。课堂纪律需加强、课上没点名考勤、课堂秩序不是很好、课始缺少责问学生出勤情况、教师对缺课学生无责问和记录、个别学生发言时存在观点错误而教师未能及时纠正。

（12）课堂略枯燥，缺乏教学经验。

3. 教学内容

主要问题有如下：

（1）上课内容与大纲要求不相符；对表单部分内容讲授不够全面；课堂内容主次知识点不清晰；课堂内容稍显凌乱；课程内容安排欠妥。

（2）例证与上课内容不匹配，视频与课程内容关联度不够，内容不够有探索性。

（3）课程教学内容的安排，欠缺对学生背景和学科基础的考虑。

（4）教学内容无章节标题，条理层次不清晰、课程内容详略安排略欠妥、部分内容过散。

（5）教学内容组织重点不突出、教学内容较少、缺乏对教学内容的梳理。

（6）教学内容及练习有些单薄，理论讲授部分偏少、理论与应用衔接稍少，一些知识有待更新。

（7）过多注重教学趣味，知识性严重不足。

（8）希望对内容进行一定程度的调整，将本科中学过的内容尽量压缩掉，增大理论深度和广度，把抽象的理论和实践结合起来。

(9) 教学内容的广度和深度不够,案例分析不够具体、细致。

4. 学生的课堂学习行为

学生课堂学习行为存在的问题主要有:

(1) 学生上课注意力不集中:学生上课个别看手机现象、睡觉现象。

(2) 基础较差的学生跟不上讲课的速度。

(3) 艺术类学生难以理解计算机专业术语。

(4) 学生实践环节不足。

(5) 学生出勤率、到课率不高,学生有迟到现象,旷课现象,尤其是毕业班学生大量缺课。

(6) 课堂纪律差,不能很好地配合课堂教学活动,课堂上随意出入,上课中学生有私下交流现象,课堂有学生举止随意,学生抬头率很低;学生课上做别的作业。

(7) 学生主动选择"远离教师"的后排座位、学生听课状态欠佳、学生有说笑现象。

(8) 学生学习兴趣不浓,学生精神不足可能犯困,学生课堂秩序不好;授课教师多次强调课堂纪律但效果不佳、上课学生有吃东西,后排同学听课不是很认真。

5. 师生互动

教师和学生在课堂上的互动中存在的主要问题:教师讲述过多,与学生互动不够,讲课时比较照本宣科,一直对着PPT念;教师讲课始终对着屏幕,没有观察学生听课情况;过程中缺乏教师的及时评价和指导;教师对学生出现的一些错误不能及时纠正和指导;启发学生思维不够;教学分离、课堂气氛不活跃、沉闷。

6. 教学条件

教学条件上的主要问题:有的课堂上,上课人数太多,教室的空间不够,过于拥挤,以致后排学生听不清楚;教室的灯光偏暗;教室的取暖设备有问题,教室很冷;教学环境空气不太通透;教学实验设备较少,现有设备数量有限,部分实验设备接口失效;网速太慢,影响演示效果;话筒有噪音,课堂不是移动话筒;建议学校为老师配备随身扩音器,有助于教师在学生中间讲课时,同学都能听到。

(七)督导专家对教师的课堂教学提出的建议

1. 课件板书

督导专家的主要建议是课堂教学手段可更丰富些,可进一步加强多媒体教学手段的运用,适当使用PPT,增加图片和视频等形式辅助教学;合理利用课件,完善教学中的主要观点,形成讲义;积极改进课件页面设计,PPT的字体需要大一些以便全班学生都能看清楚;课件形式需要美化、优化、生动、丰富、直观;在讲解知识点适当辅之板书,或者适当进行屏幕板书,这样便于学生理解知识点;板书的书写需要工整、规范,最好能够将课件和板书有机结合。

2. 教师教学行为

(1)教学基本功。教师口齿一定要清楚,讲课的声音要大,语速适中,语言表达流畅,注意调整自己的精神状态,更有激情一些。在呈现课程内容时应生动有趣。教师应有充分的教学准备,平时要不断拓展自己的知识面,能够有针对性地备课,上课最好有课件。

(2)教学环节。主要建议是:①明确教学基本目标,严格按照教学计划进行教学,严格按照教学大纲的内容进行授课;②把握授课节奏,懂得合理安排课堂考勤、复习、预习、新课讲解、学生讨论和布置作业等各个环节的时间;③课堂上应留给学生思考的时间。

(3)教学过程与行为。主要的建议是:①授课应因材施教,授课内容和知识应结合学生所学专业以及与时下热点建立及时联系,组织课程内容时应注意逻辑性、系统性和丰富性，最好给学生完整的框架；②应注意课程内容的逻辑性和系统性，注意新旧知识的关联和递进；③讲课时要注意抽象理论与实践结合、突出重点与难点，理论和概念性知识的讲解应清晰，理论讲解时能够给学生提供更宏大的框架，能让学生进行多元解读，对核心概念的讲解要注意内涵和外延的清晰界定；④增加引题，使用启发式教学，多讲些例题的解题思路和方法；应讲究教学方法的提升，理论实践结合，让讲授多与中国现实相结合；建议增加与生活相关的事实案例进行讲解；加强讲课的系统性、连贯性；⑤建议教师严格执行课前考勤制度，加强课堂教学管理，严格要求学生，提高学生学习积极性，对扰乱秩序者提出严厉批评，将旷课与学生的期末成绩挂钩，学院领导应严格管理学生的课堂出勤率；⑥建议教师能够按要求提前十分钟到达授课地点，提前调试教学设备。

（4）教师对学生的关注。专家的建议主要有：①教师应了解学生在高中时期学到了什么程度，讲授的内容应关注学生的反应，激发学生参与课堂讨论，加强师生的互动和交流；②适度讲练结合，消除学生疲惫感；③应积累经验，因材施教，考虑不同国家文化背景学生，注意教学对象的个体差异，充分调动学生主动积极性；④对学生的课堂表现给予及时点评和指导，帮助学生解决问题，加大提问的力度，提高学生参与度；⑤关注玩手机和睡觉的学生，老师可提醒学生注意听讲；⑥与学生的互动应做到全面、应给学生辅助的书面材料，便于学生理解接受、应注重引导学生更加深入的练习，进行针对性的讨论，增加更多的课堂集体练习，给学生思考的时间；⑦下午课学生易犯困，教师应设计提高学生注意力的问题，建议想办法让学生对这门课程感兴趣，适当给学生布置读书任务和作业，建议教师讲课时要给予后排学生更多的关注。

（八）关于督导专家课堂教学督导工作的建议

我校教学督导办自初创以来至今，可以说已经逐步完成了以"检查、评价"为取向的规范化历程。在国家的"双一流"建设战略背景下，对课堂教学工作的督导应由规范转向提高，以推动和引导学校教育教学改革、教师发展和学生成长为宗旨，助力学校跻身于"双一流"建设潮流之中。这就需要强化教学督导工作的专业化。基于此次督导专家的听课记录分析，我们提出如下几点建议。

1. 进一步充实教学督导专家队伍，扩展教学督导任务

我校教学督导工作在近几年取得了许多突破性进展，在教学督导专家队伍的组建和工作机制上成效显著。这支专家队伍主要由经验丰富的资深教授和老教授组成，近年来开展了大量的课堂教学督导工作，为规范和提升我校教师课堂教学质量做出了重要贡献。

但是，诚如上文我们所揭示的，我校督导专家对教师课堂教学的质性评价，主要集中在教师的课堂教学行为方面，相比起来，对于教师的课程内容和教学内容的评价比重偏小。这一方面或许是因为督导专家的注意力主要集中在教师的教学态度、教学方法等教学行为上；另一方面也可能是因为督导专家自身学科等方面的限制，使得督导专家只是从形式（如内容的系统性、完整性、连贯性等）上对教师课堂教学内容做出评价，而很难对课堂教学内容的前沿性、科学性等方面做出判断和评价。

另外，督导专家在听课过程中，还发现了一些课堂教学之外的问题。例如：专家发现，由多位教师合作主讲一门课程时，课堂教学之间的衔接性不理想；延请的校外实践导师，课堂教学的效果也不是很好。也有督导专家发现：一些课程的开设应该提前或延后。诸如此类的问题，都已经超出了课堂教学的范围，而与教学管理相关了。

基于上述情况，我们有两个建议：一是进一步充实已有的教学督导专

家队伍，构建分工协作、互相配合的学校、学部（院）两级教学督导专家队伍。在选聘专家作为督导人员时，要考虑年龄、性别、学科专业等因素，更要充分考虑退休人员与在职人员的比例、学术人员与管理人员的比例、教育教学理论人员与学科专业人员的比例等，尤其是要充分考虑专家的学科背景、课程和教学经验。就我校教学督导队伍的实际情况来看，可以采取老专家与中青年专家结对的方式，充实教学督导专家队伍，这样一方面能发挥老专家丰富教学经验的优势，另一方面能发挥中青年专家在学科知识前沿里的敏感度的优势，有利于对教师课堂教学内容的科学性、前沿性、实效性做出科学判断，更为全面地指导教师教学发展。二是扩展教学督导的任务。我校教学督导工作，核心和重点仍然是对教师课堂教学的督导，即所谓"督教"。但是，"教学"已经并不仅仅是"课堂"里的事情了，它还与"课堂"之外的学校、学部（院）的课程、教学设计相关，与教学的效果，与学生的接受程度和学生的反馈和评价相关。因此，教学督导不仅要"督教"，也要"督管""督学"。督教、督管和督学的整合和统一，理当成为今后教学督导工作任务的重点。教学督导任务的调整，就需要校级督导专家队伍和学部（院）督导专家队伍的分工协作、互相配合。我们建议，校级督导专家队伍可以侧重于宏观的、全局的教学工作、教学管理督导，重点考察学校、各学部（院）的课程体系、教学计划是否与学科、专业的人才培养目标相契合，是否存在重复建设现象等问题；学部（院）级的教学督导可以侧重于微观的、个性化的督导工作，尤其是侧重于对具体课程内容和教学内容的督导，以及对学生学习状况的督导。

2. 进一步完善课堂教学督导机制，整体规划和设计督导专家进课堂的听课行动

督导专家随机听课、推门进入教室听课，是我校教学督导工作的传统和亮点。这样有利于发现真实的课堂教学"现场"及问题。但不利的一面

第四章 课堂教学评价：高校教学督导工作的基石

是，容易导致督导专家与授课教师之间的心理对立和"隐性对抗"。另外，从我们这次分析的听课记录本来看，在督导专家所听的500多门课程中，学校公共课所占的比例是很大的。这种情况的出现，与随机听课、推门听课是分不开的。这两种情况，一方面不利于赢得教师信任，不利于提高教师教学水平，不利于发挥督导的改进功用；另一方面，不利于学校、学部（院）完善课程体系和教学管理机制，不利于全面把握学校教师课堂教学的整体状况。

因此，一方面，需要进一步完善课堂教学督导机制，进行教学督导的流程再造。首先，在督导实施之前，应与教师建立相互信任，将督导时间、日程事先安排好，并告知教师。同时可以要求教师给督导专家提供背景资料，如课程计划、单元课程计划，在教学中可能会出现的具体问题，以及在与学生交流中遇到的困难等。然后，督导专家带着这些准备和材料，进入到课堂观察。最后，督导专家向教师提供课堂观察所记录的客观材料，与教师一起对材料进行分析，具体围绕课程目标、教学方法等方面分析教学中存在的问题，找出改进的方向。

另一方面，督导专家进课堂听课，也需要科学的、整体的设计和规划。我校本科生的课程体系主要分为专业基础课、专业必修课、专业选修课、学校公共必修课、学校公共选修课等。可以根据各类课程的总量，确定所听的各类课程的比例。

3. 进一步加强课堂教学质量评价的科学性和专业性

专家走进教室，对教师的课堂教学进行课堂观察，这是评价课堂教学质量非常有效的办法。然而，课堂教学质量评价是一项非常复杂的工作，评价的科学性和专业性，往往受制于评价的制度设计、评价的模式选择、评价主体的经验和理论水平，评价标准的科学性等各种因素的联合制约。如果寄希望于通过评价促进教师教学能力和学生学习质量的提升和发展,就必须走科学评价、专业化评价之路。通过对听课记录本的分析,我们在这方面的主要建议如下。

一是坚持量化评价和质性评价相结合。其实,我校的听课记录本已经融合了量化评价和质性评价两种方式。但是从实际运行的情况看,在1532份听课记录中,督导专家只对284名教师进行了量化评分,而且量化评分的随意性比较大,在质性评价中,教师的课堂教学行为在有些地方是被专家否定或质疑的,但在量化评分中,却被评为A等级。这些情况表明,我们对量化评价的重视程度还不够。需要进一步重视量化评价,坚持量化评价和质性评价的结合与统一。

二是量化评价和质性评价都应强化对教师的课堂教学行为的观察和评价。实际上,督导专家对教师课堂教学进行质性评价时,除了个人的经验之外,往往容易受到听课记录本中的《课堂教学质量评价表》中的项目的影响。也就是说,质性评价,其实也是需要有相应的观察标准和视角的。从量化评价的指标和项目来看,主要包括教学态度、教学内容、教学方法、教学素质、教学状态,但这几项还未能完全概括教师的"教"这一行为的发生过程,而且还有许多不是行为化的、易于观察的评价指标。因此我们建议,量化评价表可以从教学准备、教学目标、教学内容、语言表达、活动形式、学法指导、知识应用、自学辅导、教学效果等方面着手,重新进行改造和设计,重点考察教师在这些领域的行动频率。质性评价需要进一步规范,根据量化评价的指标,进行深入的、系统的课堂观察。在此基础上,充分发挥专家个人的经验判断,对教师的课堂教学做出定性判断。在做出定性评价时,应该有教师在相应特点里的行为表现做支撑。例如:当我们评价教师的教学准备充分或不充分时,并不仅仅是说到"充分""不充分"这样的形容词就完结了,而是要举证说明,教师的哪些行为表现能够支撑我们对他的教学准备做出

"充分"或"不充分"的判断。

三是坚持将教师的"教"和学生的"学"相结合的评价理念。课堂教学督导的目的，是要提升教师教学能力，从而提升人才培养质量，学生质量则是人才培养质量的重要体现。尽管已有的质性评价中，有很多专家都关注到学生的反应和存在的问题，但是，这条主线还不是很突出。惯性思维似乎是：认为只要教师"教"得好，学生自然会"学"得好。因而相对忽略了教师的"教"对学生的"学"的影响和效果。因此，今后的课堂教学督导，既要注意观察教师的课堂教学行为，也要关注学生再课堂上的学习行为，更要关注教师和学生的互动行为，以及"教"对"学"的影响和效果问题。

上文所说的建议，包含机制的完善，行动的改进，这些实际上意味着人力、物力、财力的再组织、再调配乃至再增加。我们提出的一些建议或许无形中都会加大督导专家、督导工作人员等相关人员的工作量，这也就需要加大对教学督导工作的经费投入、条件保障和政策支持。

这份报告不仅整理和总结了过去几年的督导听课工作情况，还对教学督导专家发现的问题、给出的建议进行了细致梳理，更重要的还有对教学督导专家课堂听课工作本身的思考和改进建议，其中很多直接改变了我们当前的课堂教学评价工作，从这个角度来讲，教学督导研究工作也是改进督导工作自身的有效方法，必须坚持下去。

第三节　课堂教学评价与教师教学发展

课堂教学评价工作不仅是教学督导专家监控教学质量的主要方式之

一，而且也是督导专家促进教师教学发展的重要手段。

首先，教学督导专家在课堂听课结束后，一般会和授课教师及时沟通，分享自己的听课体会，指出教师教学的一些问题与不足，同时传授自己的教学经验与技巧供学习参考，这是最直接的促进教师教学水平提高的方式，也可以说是一种类似"师带徒"式的教师教学指导。

其次，前文也提及过，很多教学单位都会组织教学示范课和教学研讨，有的是教学督导专家直接组织，更多的是教学督导专家参与其中。教学示范课和教学研讨会是教师教学研究的重要方式，通过它们也能让观摩的教师们提升个人教学水平。各级教师教学大赛也是很好的锻炼与学习机会，参与和观摩都能获益匪浅。

最后，由上面的示例可以看到，将督导专家们的课堂听课记录整理后加以分析研究得到的研究报告，是宝贵的教师教学发展文献资料，从中可以得到很多的经验、教训、方法与技巧。

第五章

高校教学督导工作：实践经验与执行艺术

第一节 高校教学督导工作的实践经验

一、高规格设置督导机构

让教学督导工作被人重视，教学督导专家受人尊敬。2014年4月，学校成立了由校长担任委员会主任的校级教学督导委员会，统筹全校的本专科和研究生教学督导工作。2015年6月26日，教育部发布第69号高等学校章程核准书，正式核准了《中国传媒大学章程》，在这部章程中，明确学校设置教学督导委员会，"对本科教育教学和研究生教学培养工作统一进行监督、检查、评估和指导"，使其成为学校内部与学术委员会、学位评定委员会、教学指导委员会等并列的高规格治理机构，让"监督、反馈"与"决策"在学校最高层面合一，有力地提升了教学督导工作的地位。同时，学校还独立设置了督导工作日常机构，将教学督导工作从原来的教务处和研究生院独立出来，专门设置了正处级的教学督导委员会办公室，日常工作经费与各种物质条件均独立于监督对象，并直接向学校校长或学校常委会汇报工作，极大地增强了学校教学督导工作的权威性与独立性。在学校各个二级教学与人才培养单位,二级教学督导组织也相继改革与完善,均由各单位主要负责人兼任二级督导委员会主任。由"一把手"直接负责教学督导工作极大地改善了学校教学督导工作的实际情况,学校主要负责人多次在常委会上表示教学督导专家组就是学校教学工作的"巡视组",这也产生了巨大的震慑作用。

二、分类实践

学校各个学科与教学单位发展水平参差不齐,各二级教学督导专家水平也存在差距,这促使我们在各单位开展督导工作上采取了分类实践的策略。在理工学科,主要以教学规范性督导和内容督导为主,这既符合学科本身的特点,也结合了理工教学单位督导专家、理工科师生与单位主管领导的个人特点。在新闻传播与艺术学科,由于两大学科在全国排名均处于领先位置,加上学科与师生本身相对自由与灵活的个性,则主要是在教学改革创新层次进行一些探索。一刀切不能适应不同学科、不同客观条件的工作开展,分类实践让我们能够最大限度地在整个学校全面开展督导工作,更客观地掌握整个学校的教学基本情况。

三、适当赋权

近两年,学校试点了教学督导专家参与教师职称与岗位评聘的工作。学校组织教学督导专家对申请教授、副教授等教师序列职称的申请人专门进行了评审,对于部分科研成绩突出、教学水平尚不足的申请人建议暂缓评定或建议转研究员序列或其他序列申请高一级的职称。对于教学成绩特别突出的优秀教师则给予大力推荐,优先评定。同时在教学岗位聘用环节,部分二级教学单位组织了上岗前考核,对于教学水平不达标或者尚不具备上课条件的教师进行了停聘与缓聘。

既有推优,又有惩戒,这使得之前对教学督导工作有抵触情绪的老师们慢慢转变了观念,学校还出现了部分中青年教师竞相主动邀请督导专家指导和评价教学的现象,这大大促进了督导工作的有力开展和学校教学水平的整体提高。

除此之外,每年年末学校教学督导委员会办公室与人事处共同考核各二级单位的教学督导工作成效,考核结果影响未来一年的督导经费拨付和相关资源配置,这也提升了督导工作的话语权与执行力。

四、提高待遇,保障经费

在学校领导的亲自关怀下,学校用于督导的各种经费大幅增加,已达百万级规模,其中接近九成用于提高学校和二级单位教学督导专家津贴,剩余的经费也全部用于督导专家开展调研和其他专项督导工作使用。学校领导认为"学校在教学上怎么投入都不会多",未来几年,学校教学督导专家的津贴待遇与其他工作经费提高仍然可以期待。

五、加强自身建设,积极开展教学督导研究工作

高校教学督导工作不能只是简单的"听课评课",很多针对教学督导工作的消极抵触情绪就源于缺乏说服力的主观、感性评价。为了提升督导评价的客观性和有效性,学校教学督导委员会专门开展了课堂教学评价体系的研究,组织专家走访了厦门大学、东南大学、浙江大学等高校,并与首都兄弟院校交流学习,最终形成了《中国传媒大学本科教学督导记录本》《中国传媒大学研究生教学督导记录本》和《中国传媒大学研究生培养环节督导记录本》一整套的评价体系成果。在课堂教学评价上,坚持客

观评价为主、主客观评价相结合的评价方法，用"教学准备""教学内容""教学方法""教学态度""教学效果"5个一级评价指标以及19个二级评价指标构建了一个以"教师"为中心，通过总体把握教师课堂的"节奏"与"控制"来全面评价教学的督导评价体系。每学期末，学校还组织高等教育研究专家对该学期所有督导听课本进行量化、质化分析，形成总的研究报告展示学校总的教学水平情况，并对典型课程与教师进行表扬或批评。

除听课评课工作之外，学校教学督导委员会还组织专项研究形成了《公选课课程体系建设与通识教育的通道》《本科生学业指导》《国际项目教学情况专项调研》《研究生调停课分析》《本科、研究生课程同质化问题》等一系列重要报告，对学校本科教学、研究生教学运行、国际项目开展等工作改革起到了重要作用。

加强教学督导研究工作，集中专家力量有序开展专项调研与专题研究工作有利于重点解决某个或者某方面的问题，将短期目标与长期目标结合起来，取得领导肯定、同事认可、群众满意的综合效果，从而提升教学督导工作的权威性，推进督导工作的有效开展，避免督导工作停滞于单一"听课评课"的重复工作。

第二节 教学督导工作的执行：严谨与灵活交融的艺术

科学技术让我们探索共性，人文艺术让我们追求个性。

学科差异，是从事学术研究与教育管理工作不能回避的问题。理工学科的专家不能理解为什么一个标准化的工作能够被人文艺术学科的专家们

第五章　高校教学督导工作：实践经验与执行艺术

"折腾"成完全不是初衷的模样，人文艺术学科的教授们又无法接受教学这样如此个性化又创造性十足的工作居然能被"表格化"变成千人一面的样子。教学评价工作中评价对象的"共性"与"个性"之争不是类似"不管黑猫白猫，抓到耗子的就是好猫"的问题，而是"花猫和灰猫，懒猫和勤猫，抓大耗子还是小耗子，抓多耗子还是少耗子"的问题。

因此，督导工作的严肃性在学科差异上就表现为制定一套最低标准和规范，让我们能保证"这是只抓耗子的猫"，灵活性则依照学科不同再自由发挥——讲究条理规范、整齐划一的学科可以制定更高的学科统一标准，"着装正步走"；讲究突出个性、百家争鸣的学科就探索多元化，让教学"百花齐放"。

参考文献

[1] 白解红.创新教学督导机制,为提升高校人才培养质量注入新活力,[J].中国大学教学,2014(4).

[2] 高海生等.论高校教学督导制度[J].国家教育行政学院学报,2010(1).

[3] 高琪凤.上海市高校教学督导现状的调查与研究[D].上海:华东师范大学,2014.

[4] 耿有权.论"四位一体"研究生课程教学评价机制的构建——基于教学督导视角[J].研究生教育研究,2014(4).

[5] 胡燕玲.我国高校教学督导运行机制研究——基于系统分析的方法[D].上海:华中师范大学,2010.

[6] 黄萍.基于高校教师职业发展的教学督导理念的反思[J].黑龙江高教研究,2012(4).

[7] 金涛等.三级教学督导组织的职责及其相互关系[J].宁波大学学报(教育科学版),2013(2).

[8] 李明.基于多理论视角的高校内部教学质量保障体系建构[J].中国高等教育评估,2013(2).

[9] 李霞.高校两级教学督导体系的实践与认识[J].大学教育,2014(7).

[10] 刘玉.高校教学督导效果影响因素分析[J].高校教育管理,2011(11).

[11] 申金霞.高校教学督导工作创新与发展的路径探析[J].中国大学教学,2012(4).

[12] 宋文红.中国高校督导制度探究[J].新疆师范大学学报(哲学社会科学版),2013,34(6).

[13] 万思志.高等学校教学督导制研究综述[J].黑龙江高教研究,2011(3).

[14] 徐爱萍.高校教学督导制度的路径选择[J].高教发展与评估,2015(1).

[15] 徐德敏.美国教学督导制度对我国高校内部教学督导工作的启示与借鉴[J].法学教育研究,2012(2).

[16] 徐玲等.从技术到文化的高校教学督导工作创新研究[J].现代教育科学,2011(7).

[17] 徐美.高校教学督导员课堂教学评价的权威性:问题与对策[J].教育理论与实践,2014(3).

[18] 薛国凤.从"局外"走向"局内"——高校教学督导理论与实践问题的探讨[J].高等教育研究,2014,6(35).

[19] 张勤.高校教学督导联盟组织的实践与发展趋向[J].教育研究,2014(1).

[20] 张甜等.以先进的教学理念为引领 不断推动教学督导工作创新——第六届北京地区高等院校教学督导交流会会议综述[J].北京教育(高教),2015(2).

[21] 朱继洲.高等学校教学督导的作用和定位[J].江苏高教,2005(1).

后 记

《高校教学督导——理论与实践》一书是在中国传媒大学学校主管领导与教学督导委员会以及兄弟单位部门大力支持下完成的，里面包含了我们几年来对高校教学督导工作的理论思考和实践经验。本书在撰写过程中也得到了诸多教学督导专家和高等教育研究专家的指导与帮助，他们分享了宝贵的工作心得与研究成果。文章里提及的各种文件和资料均可以在中国传媒大学教学督导委员会网站下载，这些宝贵的资料是全体教学督导专家集体智慧的结晶。

我们的教学督导工作实践一直向前推进，因而对这项工作的理论思考也在不断深入。我们一直持有开放的态度和兄弟高校从事教学督导工作的同仁们交流、学习，目的就在于提升整个教学督导与教学质量工作的地位与作用，为高校教学与教学质量工作作出更大贡献。

这本书的及时出版离不开知识产权出版社的帮助，感谢出版社和各位编辑出版工作人员对高校教学督导与教学质量工作的鼎力支持。

希望这本书对有志于从事高校教学督导工作和研究高校教学督导工作的同仁们有所帮助，期待与各位专家的交流！

作者

2017.11